freedom
letters

№ 52

Александр Иличевский

Город заката

Freedom Letters
Иерусалим
2023

freedom letters

Сайт издательства freedomletters.org
Телеграм-канал freedomltrs
Инстаграм freedomletterspublishing

Издатель *Георгий Урушадзе*
Художник *Елена Волленвебер*
Технический директор *Владимир Харитонов*
Корректор *Юлия Гомулина*

Александр Иличевский. Город заката. — Иерусалим : Freedom Letters, 2023.

ISBN 978-1-998265-25-1

Герой этой книги — город. В основе его имени лежит тот же корень, что и в ивритском слове «мир» — ш-л-м: Шалом. Иерушалаим.
Каким был город до 7 октября 2023 года и каким стал после? Житель Иерусалима Александр Иличевский приглашает читателя перенестись в один из древнейших городов мира.

Содержание

Сознающий ландшафт

Как изменился Иерусалим после событий 7 октября 2023 года? Что произошло с городом с того дня? Мне очевидно, что война наложила на него печать. Так Мандельштам, вернувшийся в Москву из воронежской ссылки в 1937 году, сказал о жителях столицы: «Все какие-то… поруганные». Так и Иерусалим оказался в какой-то степени — совсем по-иному, но также насилием — поруган. Если раньше можно было гулять по нему, не оглядываясь по сторонам, то сейчас это трудно. Когда эта печать настороженности будет стерта — не могу сказать. Пусть сначала закончится война.

Но стремление залечить рану не ждет. Тем важнее сейчас понимать и сказать, что собой на самом деле представляет Иерусалим. Эта книга — коллекция эссе о нем, «Городе заката», и пусть переиздание сборника — с новыми археологическими и историческими сведениями, с эпилогом, написанным недавно, — послужит этому стремлению понимать и преодолевать.

Сейчас я смотрю в темное небо — и вижу, как сочится над Иерусалимом набранный камнями за день свет, как звезды дрожат и плывут в восходящем мареве теплого воздуха, перемешивающегося с сумеречной прохладой. Эрос надежды правит Иерусалимом. Одними чаяниями здесь дело не обходится, поскольку концентрация влечения порой такова, что оно превращается в чернила и выплескивается вместе со столетиями на пергамент и бумагу. Кто бы стал жить в Иерусалиме для того, чтобы разбогатеть или обрести уют? Здесь вам не Галилея, здесь горы сменяются каменистой пустыней, земледелие невозможно. Вся жизнь Иудеи когда-то вращалась вокруг Храма. Сюда влеклись повозки с зерном, с мехами вина, покачивались тележные клети с голубями, выросшими в пещерах Хевронского нагорья. Там они взмывали из-под земли над холмами, кружась в горле синевы. Их продадут паломникам, те передадут коэнам для жертвы, а те загонят в пламенный столб вселенского жерла — в обмен на искупление. Но все-таки для большинства Храм заменял собою сытость. Он притягивал новой возможностью выживания — наукой, как довольствоваться воображением, как питаться незримым. Это развивало плоть нематериального существования и порождало ее мыщцу — письменность. В винодельне Иерусалима силы сомнений и роста, жернова времени и воображения, сойдясь в клинче, вытесняли тела в души, и в солнечных мехах вызревало чернильное вино. Оно и сейчас пьянит и кружит многих под небосводами общих и личных сказок, дарует страсть читать и думать. В конце концов, что такое человек? Человек — это всё и ничего, книга.

Подобно тому как солдаты Десятого легиона не нашли ничего в святая святых Иерусалимского храма, история ловила и не поймала тех, кто, претерпевая нашествия эпох, скрывался в глубине веков — в извлеченной из них для будущего книжной памяти, в книжном сознании. Что можно сделать с человеком, чья жизнь исчерпывается чтением книг? У него можно отнять дом, землю, страну. Но только не книгу. Он и изгнанный останется там, где укрепилось его сознание за века непрерывного чтения. Ибо читатель в пределе совпадает с писателем — это одно и то же существо, две стороны одной одушевленной монеты, имя которой «смысл». А он, смысл — совсем не та добыча, за которой отправлялись войска империй на поля истории.

Парадокс иерусалимского ландшафта — в том, что при кажущейся его исчерпывающей обозримости он трудно понимаем как целое. В нем невозможно объяснить, как пройти; единственный выход — стать провожатым. Здесь нельзя ступить и нескольких шагов, чтобы не столкнуться с выбором, куда повернуть, сойти или вскарабкаться — мимо створчатых лавок с сувенирами в Христианском и Армянском кварталах или с ширпотребом и снедью в Мусульманском, обойти или двинуться напрямик, спускаясь или поднимаясь, сворачивая или втискиваясь в аллейки между домов. Мировые линии Иерусалима, его локальные меридианы и параллели, искривленные притяжением смысла, вдоль которых перемещается отпущенный на волю пешеход, — это пучки траекторий времени, огибающих события истории. Замечательно то, что они совпадают с геодезическими координатами: кривые распространения исторического времени Вселенной следуют рельефу Иерусалима. Тело истории, ее мышцы напрягаются в направлении движения эпох: город брал начало у источника Гихон, что у Силоамской купели, и взбирался ступенями вверх — на гору Мориа, к Храму, оттуда низвергался в Геенну мусором, потрохами жертвенных животных, разбитыми идолами и поднимался на Голгофу. В сгущенном городском пространстве зрение вязнет, вас поражает близорукость, а ощущение направления передается мышцам. Подобно тому как спелеолог, застревая в узком лазу на адской глубине (приходится выдохнуть, чтобы протиснуться дальше), пускает слюну, дабы по тому, куда она стечет — на щеку, подбородок или верхнюю губу, — понять свою ориентацию относительно силы тяжести, отвеса, так и в Иерусалиме стоит прислушаться к напряжению мышц ног, к усталости вообще, чтобы отдать себе отчет, в каком направлении тысячелетий происходит ваше перемещение. Ибо Голгофа — это не крохотный пригорок, а весь северо-западный район города, некогда бывший садово-огородными выселками, освоенными только спустя несколько веков забвения.

В городе вообще нет направлений, одна только кривизна: улицы взмывают, сползают, огибают, а местные жители, покинув границы своих кварталов, ходят, как по канату, — сосредоточенно, строго по заданной траектории, определенной временем дня, временем вообще — еще одним ангелом еврейского сознания. Время есть основной источник еврейской жизни. Евреи женились на будущем, праотец Авраам выбрал себе в невесты волю будущности, когда поверил Богу. Так было зачато мессианское сознание, так из брака евреев с грядущим родилось их главное оружие — терпение. Жить следовало ради воображения, ради веры, в надежде на исход, на осуществление в поколениях — наиболее трудный и в то же время, как выяснилось, самый эффективный прием существования.

Эволюция с тех пор перестала отличать терпение от любви. Терпеть в хедере, терпеть в иешиве, терпеть детей, терпеть жену, любить учиться, любить семью. А что, как не терпение, позволяет использовать стрелку часов как двуручный меч против невзгод? Часовщик с его ремесленной усидчивостью — во всех смыслах еврейская профессия. Кто еще так припаян к оси исторического времени и времени календарного, как евреи? Чтобы попасть в яблочко вечности, нужно крепко держаться за летящую в него стрелу — стрелу времени. Выносливость — самое страшное оружие евреев. Плач Иеремии, от которого рыдают даже камни, сообщает нам важнейшую для существования максиму: вот трагический конец всему, но и его надо пережить.

Как? Как схватить на лету стрелу времени?

После переселения жителей Иудеи в Вавилон евреи задумались, как же теперь молиться, если никто не знает, когда восходит первая звезда в небе над Иерусалимом? Казалось бы, какая разница. Почему не начать молитву, когда восходит первая звезда над Вавилоном? Но решено было не выпускать из рук стрелу иерусалимского времени. Евреи устроили световой телеграф для передачи огненного знака, что звезда взошла и что вавилонским пленникам пора вставать на молитву. С высоты в двести саженей обзор — пятьдесят верст и больше, так что цепочка сигнальных костров от горы к горе одним махом покрывала тысячу верст до Вавилона и снова ухватывала отклонившуюся стрелу времени. Благодаря таким образом преломленному свету иерусалимской звезды свивалась тетива надежды. В этих кострах — в этом отражении звезд в земной воле и преображении астрономического времени (в сущности, запущенного Большим взрывом) во время земной жизни, в этом браке космического с человеческим, с историей есть что-то очень важное.

Иерусалим — это некая разновидность вертикального лабиринта, породненного с лабиринтом горизонтальным. Город составлен из множества районов, кварталов, площадок, полос и участков размежевания, и каждый обладает своей историей и своими притязаниями на память этого ландшафта об истории — давней и новейшей. К Иерусалиму можно относиться как к сознающему ландшафту, понимающему о памяти и забвении больше любого существа во Вселенной. Здесь любой клочок что-нибудь да хранит важное для содержания самосознания и предназначения ни много ни мало — всего человечества.

Окрестности Иерусалима тут и там подают вам на ладонях террас и предплечьях уступов те или другие эпизоды библейской истории (сама по себе территория Святой земли — размером со свиток), подобно тому как человеческий мозг непредсказуемо выдает сознанию неожиданные воспоминания. Иерусалим не вышколен: здесь множество заброшенных домов, двориков, пустырей — и в то же время новых зданий, с иголочки, и хватает строек — маленьких и больших, а мусор убирают и метут улицы столь же усердно, как потом мусорят и пылят. Этот город живой, он полон собственного стиля, приблизительность которого говорит скорей не о разболтанности, а об особом приоритете. Это неряшливость книгочея и ученого, левантийского склада богемы и университетского образа жизни. Тут многое незатейливо-прямолинейно, но не принижено, поскольку что-то случается в момент сопоставления мифа и почвы, на которой этот миф вырос, что-то особенное происходит в области грудной клетки.

Иерусалим — самый желанный и в то же время самый трудный для раскопок город на планете, потому что густо заселен неуступчивым разнородным населением. Многовековые неутихающие споры за каждую пядь земли создают строгий баланс. Каждый кубический сантиметр расчислен, зафрахтован, охранен, упрятан или освящен. В главной церкви города, поделенной между десятком конфессий, действует строжайший устав; он выработан вековыми боями святых отцов и касается каждого вершка пространства храма: куда можно ставить свечи, а куда нельзя, чей — придел Святой Елены, а чей — Гроб Господень, и где должна стоять приставная лесенка, которая стоит там уже несколько веков, с тех самых пор, когда одни христиане, забаррикадировавшиеся на Голгофе, терпели осаду других и получали пропитание благодаря этой лесенке через окно.

Сам город целиком — миф, состоит из мифов столь значительных, что развенчивать их не имеет смысла в той же мере, в какой они все взывают к подтверждению или опровержению своей достоверности. Если бы реальность была штормовым ветром, мифы этого города можно было бы сравнить с правильно поставленными парусами, искусство установки которых обеспечивает целостность мачт и сам ход истории цивилизации.

Иерусалим, ноябрь 2023

Прогулки по стене

1.

Травелог жанр заведомо неточный, и в этом его преимущество и недостаток. Недостаток — в известном приближении наблюдений, суть которого выражается пословицей: «гляжу в книгу — вижу фигу». Преимущество — в остранении, с каким, например, Наташа Ростова, ничего не понимая в том, что происходит на сцене театра, видела главное: бутафорскую луну, появление которой должно было определить ход дальнейшего развития романной вселенной, а именно — стать причиной того, что она ответит на ухаживания Курагина. Вот на такое детское восприятие действительности, которое позволит заглянуть в суть иного мира, только и может рассчитывать путешественник, отправляющийся в места, где все вывески на улицах и этикетки на товарах недоступны его восприятию.

Мой любимый пример таких странностей травелога — путешествие Льюиса Кэрролла по Европе и России. В этих заметках, кроме его особенной очарованности маленькими девочками (князь Голицын так и не понял, зачем английский писатель страстно возжелал обладать фотографией его дочери в полный рост), можно найти и примеры меткой экспрессии. Например, Кэрролл описывает посещение берлинской синагоги, и это читается как описание полета на инопланетном корабле; среди прочего он принимает золотую вышивку на талите за филактерии. Но в то же время отмечает, что прогулки по Петербургу длиной меньше пятнадцати миль — бессмысленны, ибо расстояния здесь огромны, и кажется, что идешь по городу, построенному великанами для великанов. Москва Кэрролла — город белых и зеленых кровель, золоченных куполов и мостовых, исковерканных непреодолимыми ухабами; город извозчиков, требующих, чтобы им надбавили треть, «потому как сегодня Императрица — именинница». Не менее роскошно описание автором «Алисы» чудес Нижегородской ярмарки и принимавших в ней участие — помимо персов и китайцев, инопланетяне с болезненным цветом лица в развевающихся пестрых одеждах; кто это был, мы никогда не узнаем, зато запомним сравнение вопля муэдзина в татарской мечети с криком феи-плакальщицы, пророчащей беду.

Благодаря необъятности и многослойности ландшафтно-исторического содержания Иерусалима, куда я направляюсь, любой оказавшийся в нем путешественник обречен на остранение, на принципиальное непопадание по клавишам при попытке извлечь из своей памяти задетые перемещением в пространстве грани. Однако Телониус Монк, клоунски игравший растопыренными негнущимися пальцами, добивался той виртуозной сбивчивости, той «экспрессивной импрессии», которая, порой, оказывается точней любых миметических описаний классицизма. Впрочем, для этого надо быть Телониусом Монком.

2.

Как известно, театр начинается с парковки. Страна — с очереди на регистрацию рейса. «В любой толпе пассажиров, как правило, есть еврей с женой и детьми; примкни к его хороводу», — писал Бродский в «Приглашении к путешествию». И в самом деле, сколько раз проверено при перелетах во всех направлениях: нет способа лучше опознать свой рейс, чем заметить широкополую шляпу и пейсы под ней.

В очереди к стойке El Al отдельный хвост составляют паломники. Аккуратный молодой батюшка с протестантской бородкой, как у Троцкого (поветрие зарубежного отдела РПЦ, стремящегося к цивилизации перед лицом заграницы), и огромным золотым крестом на толстенной, но изящной, как дверная цепочка в домах нуворишей, — золотой цепи (византийская привычка — принимать роскошь за красоту). Белоснежный воротничок, который ему поправляет какая-то женщина, скорее всего, мать; она отходит и с нескрываемым удовольствием издали наблюдает за своим подопечным: такой молодой — и такой хороший чин, впереди большая карьера. В рассказе Чехова «Архиерей» к его преосвященству приехала мать, которая робеет его и которую неохотно к нему пускают. И все-таки молодой батюшка чересчур чинный, чересчур велик крест и непомерна цепь.

3.

В Домодедово огромная толпа, как на вокзалах времен Гражданской войны, — перед двумя работающими будками пограничного контроля. Стою и думаю примерно так: «Биполярность России: Троица и Тройка. Рублев и Гоголь. Молимся и воруем. Чехов писал, что для русского человека Бог либо есть, либо Его нету; просвещенной середины не добиться».

4.

Парень из секьюрити зовет меня к столику, а сам куда-то пропадает. Я оглядываюсь. Тут он возникает, как из-под земли.

— Кого ищете в толпе? — берет он меня на понт.

— Вас.

Он улыбается, но дальше следует инструкции и суровеет лицом.

— Кого-то здесь в очереди знаете? Зачем оглядывались?

Понемногу пришлось рассказать этому добросовестному парню все о своей жизни, и о чем я собираюсь писать в Иерусалиме. Так что, я подумал, в конце концов этот парень полетит со мной — так мы с ним подружились. Два его начальника, в иной униформе, в это время взглядом сверлили толпу, сурово вглядываясь в каждого. И я вспомнил, как двадцать лет назад подплывал к Хайфе на пароме; в море стояла свежая волна, затихавшая в бухте; всех пассажиров согнали к борту, чтобы служба безопасности, прибывшая из порта на катере, могла нас видеть. Сейчас в аэропорту я чувствовал на себе точно такие же проницательные взгляды, как с той лодки, совершившей два-три круга вокруг парома. Многоуровневый контроль — внешний вид, поведение, бэкграунд и т.д., — залог любой безопасности. Выходя из дома, вы проверяете — выключен ли газ, вода и т.д. — и не требуете от самого себя леворадикальной свободы беспечности и халатности.

5.

Прохожу к выходу на посадку и украдкой оглядываю толпу; замечаю, что глаз на типажах еврейских лиц отдыхает: отчего-то лица эти внушают безопасность; скорее всего, дело в их домашности: нам всегда кто-то кого-то напоминает, пусть подсознательно... Подхожу к панорамному окну и наблюдаю за движением самолетов на рулежке. Приземистый, коренастый тягач, недавно толкавший от рукава огромный, как корабль, Boeing-747, ползет мимо внизу, читаю на его плоском борту огромными буквами надпись: «ВЕДРА НЕ СТАВИТЬ».

Пустые багажные тележки на буксире под крыльями самолетов кружатся на повороте каруселью, грустно: пустая карусель осенью в парке, пустые лошадки, ракеты, зверюшки — всё это символ закончившегося праздника лета...

Замечательная пара с младенцем: отец семейства — робкого вида бородатый худящий парень в очках, в кепке и с цицит[1] — подчиняется командам жены в платочке, которую я поначалу принял за паломницу. Жена властная, хорошо выражающая свои мысли о том, что следует достать из ручной клади, а что оставить; у парня сзади на кепке виднеется силуэт кенгуру, восхитительного младенца зовут Мотя; с ним

---

[1] Цици́т (или ци́цес) в иудаизме — сплетённые пучки нитей (часто шерстяных), которые носят мужчины с тринадцати лет (возраст бармицвы, совершеннолетия), на углах четырёхугольной одежды. В частности, цицит является атрибутом талита, молитвенного одеяния.

мать обращается не менее властно и в тех же терминах, что и с мужем.

За иллюминатором проползает расписанный хохломскими узорами, но в голубых тонах, Boeing-787 Dreamliner. Вдруг осознаю, что парочка с младенцем Мотей говорит подозрительным способом: язык ее есть язык письменный, а не разговорный. Это раздражает, как любая старательность. В русском разговорном есть достаточно простора и интеллекту, и аристократизму, каковые всегда были залогом подвижной ясной речи, а не тщательности. Эти двое же изъясняются сложносочиненными оборотами, и в этом чувствуется разночинная тяга к образовательности, накладывающей на речь косный бандаж письменности, добавляющей в язык костей. Впрочем, это еще может быть связано с билингвистическими усилиями, когда сказанному подобает быть доступным переводу в тот же момент. Перевод устной речи в устную есть не просто искусство, а практическая невозможность. Недаром счесть великих синхронистов хватит пальцев одной руки. Наконец, мать Моти требует от мужа разложить коляску, и он настолько беспомощно бьется над ее устройством, что я тешу себя надеждой, что он все-таки не муж, а младший брат.

6.

Удаление горизонта на высоте одиннадцати тысяч метров составляет триста пятьдесят верст. Под крылом проползает берег Черного моря, особенно ярко очерченный прибрежными огнями, и сразу же впереди появляется малоазийский берег, более щедро и широко усыпанный огнями.

Небольшие поселки, видимые ночью из иллюминатора, похожи на фосфоресцирующих сперматозоидов под микроскопом: единственная освещенная улица и пятно россыпи горящих окон — хвостатый светлячок. Хорошо, если за каждым окном зачинается новая жизнь.

7.

Обманчиво кажется, что в аэропорту Тель-Авива евреев меньше, чем в Марьиной Роще. Глаз настолько привык к кипам, кепкам, шляпам и пейсам, что разочаровывается, когда после приземления не обнаруживает их в достатке. И с удовольствием цепляется за хрупкую фигуру рыжего мальчика в шляпе и длиннополом сюртуке, с очень графичным отвесно-хрупким силуэтом, тонким лицом, обрамленным пружинящими при шаге огненными спиралями пейсов, и порывисто ломкими движеньями рук, которыми он помогает себе стремительно пересечь зал ожидания.

8.

Господь знал, кому давать заповеди. Бессмысленно было давать их народу без совести. Совесть должна быть генетически закреплена в этой общности людей, чтобы установить в поколениях исполнение предписаний, которые, в свою очередь, закладывали генетическую совестливость. А что есть депрессивность, как не совесть — по крайней мере, одно из ее следствий? Вот почему психоанализ есть еврейское произведение.

9.

Старая железнодорожная станция близ Яффо. Отсюда в 1907 году поезд доставил Агнона в Иерусалим. Пропитанные креозотом деревянные шпалы благоухают на солнце: запах детства; где нынче еще встретишь деревянные шпалы? Вдали виднеется белесое от зноя море, паруса яхт на нем запятыми, черно-белая громада корабля в дымке; в пристанционном дворике растет гигантский фикус, размером и роскошью кроны сравнимый с многоэтажным дворцом. Под ним располагаются столики ресторана, вдали вкрадчиво звучит какой-то восточный струнный инструмент…

Поразительно, что при всем этническом многообразии израильтян они скреплены воском еврейства. Этого нельзя сказать о гражданах иных стран; где еще взять пример такого объединяющего неформально-глубинного принципа? Государство — неплохой структурообразующий фактор, но еврейство значительно более яростный и горячий источник плавильного огня — огня созидающего, образующего нацию. Еврейство вполне можно преобразовать в скрепляющую анархическую сущность, при которой возможен тот самый желанный умный союз автономных личностей, о котором мечтали Кропоткин и Бакунин. Не потому ли государственное устройство Израиля изобилует горизонтальными связями, способствующими тому, чтобы запросто подвергнуть любвеобильного премьер-министра судебному разбирательству?

И какой низости должны быть исполнены те, кто обвиняет израильтян в превалировании национального принципа в устроении государства, когда есть пример операции «Соломон»: в 1991 году в Израиль за 36 часов было эвакуировано 18 тысяч беженцев из Эфиопии. Разве только США всерьез стараются выпестовать новый национальный синтез — национальность «американец».

Иосиф Бродский писал: «И если кто-нибудь спросит: — Кто ты? Ответь: — Кто я? Я — никто. — Как Улисс некогда Полифему». В жизни поэт отвечал на этот вопрос определенней: «Я — еврей». И не только потому, что его любимая Марина Цветаева считала, что «все поэты — жиды».

В 2007 году на горе Герцль в Иерусалиме был установлен памятник четырем тысячам эфиопских беженцев, которые погибли на пути в Израиль.

10.

От детей глаз не оторвать. Как ни беспощадно это звучит, но в иных странах внешний вид детей больше говорит об обществе и их родителях, чем они сами. Социальное неблагополучие, нездоровые зачатия и плохое состояние педиатрии, которые делают этот вклад, видны невооруженным глазом.

Над пляжем кружит вертолет, два или три раза проносится над морем противолодочный самолет. Экстравагантный с кудряшками пузатый дядька в соломенной шляпе с букетиком пестрых цветов кокетливо идет вдоль берега. «Здравствуйте, я ваша тетя!»

Американскому посольству с подъемными мостами на входе не достает только заградительного рва. Солнце и тихое утреннее море.

11.

И наслаждаешься женскими лицами: восточно-четкие — густые и тонкие высокие брови над огромными глазами. Красота — источник безопасности; вот откуда такой комфорт в общественных местах — глаз и мозг отдыхает.

Вечер пятницы. Улица Жаботинского в Рамат-Гане. Лысый в зеленых трусах и обвисшей майке человек с прыгающей походкой чуть не попадает под машину. Отскочив от бампера, он обрушивается на водителя, который смиренно выслушивает претензии несостоявшейся жертвы. Мальчик с отцом в праздничной одежде, идущие в синагогу, высокомерно оглядывают бегуна.

В Калифорнии светофоры пиликают, когда зажигается зеленый, давая знать слепцам, что можно переходить. В Тель-Авиве светофоры все время трещат, как гигантские кузнечики, ускоряя ритм, когда горит зеленый.

Рыбные рестораны на набережной в порту остро благоухают йодом. Рядом с одним выступает жонглер, работающий с семью каучуковыми шариками. Родители в восторге не меньшем, чем их дети. «Двенадцать лет упорных тренировок», — говорит худющий кудрявый циркач.

У кромки прибоя рыбак возится с удочкой. На набережной мальчишка украдкой шевелит джойстик радиоуправляемой машинки, и кажется, что она едет сама по себе, согласно темпу движения толпы и появления препятствий, как разумное огромное насекомое. Вся набережная, как палуба, застлана досками: дети на роликах и самокатах, не больно падать. На лицах их родителей — невиданная витальность: хозяева жизни — в своей стране, в своем времени; ни грана самодовольства, полная расслабленность.

Свежий аромат моря и капельная взвесь разбитых о камни волн. Море ночью особенно первобытно. Многие сотни тысяч лет оно ничем не отличалось от того, что видим мы сейчас. То же видел и Иона, где-то рядом совсем, у берегов Яффо на пути в китовое чрево.

12.

Белые олеандры на разделительной полосе шоссе — предвестник белого камня города. Косые линии подпорных стенок на склонах. При подъеме закладывает уши.

Тысячелетия многие поколения стремились в Иерусалим. Мечта стала плотью.

Кладбище на уступах похоже на пчельник, каких полно в горах Армении; могилы-надгробья — нарядные ульи.

Свет стекает с Иерусалима на исходе субботы. Густеет закат над холмами. Слышны голоса детей. Из синагоги доносится грозное величественное пение.

Ночью на улице пугаешься двух темных фигур под деревом. Два парня стоят и чуть раскачиваются, читая молитву перед луной, которая висит тонкой долькой невысоко над откосом.

Иерусалимский камень — лунный камень: в свете Луны он призрачен; кажется, что всё вокруг как будто и не существует.

13.

В «Идо и Эйнам» Агнона особенно звучит диахроническое описание Святой Земли. Повествование наслаивает друг на друга разные временные срезы, и создается впечатление одномоментного присутствия многих эпох в данном географически конкретном месте. Это придает метафизическое ощущение прозрачности Святой Земле, о чем речь пойдет дальше. Писатель и друзья его вынуждены были подолгу жить в Европе. Ученый Гергард, за домом которого присматривает альтер эго писателя, надолго покинул Святую Землю. Сам Агнон дважды терял имущество. В результате погромов 1929 года его дом был разграблен. Писателю не надо было никуда уезжать, чтобы почувствовать пунктирную хрупкость бытия, не обременяться привязанностями и все время быть готовым к смене местожительства. Он даже газеты не выписывал, а брал почитать у соседа.

Пропустив десятилетия между приездами, я заметил, что прибытие в Израиль похоже на то, как из пучины безвременья человек поднимается на борт корабля «Время» и осматривается, пытаясь понять по звездам, где в океане в данный момент находится не судно, а сама эпоха.

Земля Обетованная — всегда и в новейшее время особенно — страна паломничества, путешествия в которую оставили след во многих культурах. Евреи пришли сюда, а не произошли отсюда; и, по сути, существенная часть Танаха есть травелог, начинающийся словами «Лех леха» и исследующий стремление, обретение, изгнание, возвращение. Роман Агнона «Вчера-позавчера» — один из главных травелогов мировой культуры, наряду с «Америкой» Кафки и «Приключениями Гекльберри Финна».

14.

Я поселился в районе, где за окном английская речь звучит чаще иврита. С высоченного откоса видны Кнессет с развевающимся над ним флагом, белокаменная россыпь домов по холмам и много неба. Раньше на протяжении десятилетий здесь, на склоне, по верхнему ярусу которого проходит улица Усышкина, селилась артистическая публика — писатели, поэты, художники. Это был своего рода Монмартр, но более респектабельный, без уклона в богемную цыганщину; здесь можно и сейчас встретить скромное кафе, владелец которого — писатель; немыслимое для России дело. Но теперь всё иначе, в последние годы в этом районе покупают и отстраивают* дома богатые американцы и часто оставляют их запертыми и пустыми, приезжая в Иерусалим только на осенние праздники. Сейчас как раз канун Рош а-Шана[2], и мальчишки на великах наперебой по-английски рассказывают друг другу сюжет нового выпуска «Пиратов Карибского моря».

К Кирьят-Вольфсон, где я обитаю, примыкает квартал Рехавия в стиле баухаус, спроектированный в 1922 году Рихардом Кауфманом. У него облик типичного иерусалимского предместья, где дома с круглыми балконами и узкими окнами окружены садами за чугунными решетками оград. Изначально Рехавию населяли выходцы из Германии, и в 1920-х годах она называлась «Островом Пруссии в океане Востока». Здесь жили и живали многие лидеры еврейского ишува (Артур Руппин, Дов Иосеф, Менахем Усышкин, Голда Меир) и — что главное для меня — Гершом Шолем. Обилие кофеен в Рехавии тоже следствие того «прусского» наследия, немецкой традиции послеобеденного кофе. Выйдя из кофейни, хорошо пройтись по улочкам квартала, густо заросшим разнообразной растительностью, и присесть на скамейку у гробницы Ясона. Здесь, у усыпальницы богатого иерусалимца, возведенной во времена Хасмонеев во втором веке до нашей эры и раскопанной

---

2 Рош а-Шана — еврейский Новый год, который празднуют два дня подряд в новолуние осеннего месяца тишрей (тишри) по еврейскому календарю (приходится на сентябрь или октябрь). С этого дня начинается отсчет дней нового еврейского года.

в 1956 году, разбит укромный сквер. В потемках посреди Иерусалима, у одного из срезов, открытых в его недра, пахнет хвоей.

15.

Вышел на улицу под раскаты истребителя над правительственным городком — ощущения, как в детстве, когда военные самолеты еще бороздили небо Подмосковья, когда еще функционировали три округа ПВО Москвы: голос небес, грозный и оберегающий, раздается реактивными движками.

При входе в Старый город GPS теряет связь со спутниками: слишком узкие улочки заслоняют навигационный горизонт: вошел и тут же потерялся. Как и положено в месте такой концентрации времени и событий.

Плакаты на стенах Армянского квартала, посвященные геноциду. Контурная карта со схемой военных действий турок; фотографии: отрубленные головы на крюках, янычары позируют под ними; горы трупов, истощенные дети. Раскопанная улица времен Ирода вдруг провалом открывается под ногами. Вот почему Иерусалим полупрозрачный. Мостовые в нем будто застланы толстым увеличительным стеклом. Иерусалим нельзя идеализировать. Жизнь нельзя отвергать. Можно только будничное отделить от святого.

16.

В супермаркетах кассирши часто говорят по-русски. Передо мной типичная, за пятьдесят, грубый перманент, огненные от помады тонкие губы. Она яростно перешвыривает мои продукты и вдруг меняется в лице, когда осознает, что я ни бельмеса на иврите.

— И как вы там живете?
— Живем.
— Бизнес свой?
— Нет.
— Но как же вы там живете, если у вас нет бизнеса?

— Бизнеса нет, зато дело есть.

— А-а… Какой, я вас умоляю, прок от вашего дела, если оно не бизнес. Одна морока.

— Морока, это точно.

Кассирша явно озадачена моим присутствием, она о чем-то напряженно соображает и спрашивает саму себя:

— Нет, ну как там можно жить, если за год упало восемь самолетов?!

— Да, это много.

— Не то слово! Я сама из Ленинграда, никого там не осталось, года три назад впервые за двадцать лет ездила к подруге. Так там такой сервис, там такое обслуживание, что я сказала — больше никогда в жизни! Нет, я не могу. Ну как же там вы живете?

17.

Что нужно человеку, выросшему в теплом климате среди олеандров? Сидеть в густом садике над чаем с печеньем и смотреть на закат, опускающийся на гористый город. Иерусалим — Город Белого Льва — местами остро пахнет невидимым гиацинтом. Нагретые за день белые камни в темноте дышат зримым теплом.

В палаточном городке за кладбищем Мамиллы горят в разноцветных колбах свечки и раскачиваются от ветра подвешенные к ветвям картонки транспарантов. Глядя на палатки, я не задаюсь вопросом, против чего протестуют, хотя, кажется, против высокой стоимости жизни (и это справедливо, в Израиле не чувствуется того облегчения при виде чека у кассы в супермаркете или в ресторане, которое после Москвы посещает в Калифорнии). Я думаю, что если где и бомжевать, то зимой в Тель-Авиве, летом в Иерусалиме, время от времени продвигаясь пешком в сторону побережья — постираться и выкупаться. Еще вспоминаю, как утром близ Бен Иегуды —

пешей туристической улочки — видел двух англоязычных бомжей, агрессивно выпрашивавших мелочь на опохмел.

Фантасмогорические трансформаторные подстанции смонтированы на столбах и похожи на новогодние московские елки на площадях: оснащены заградительными остистыми щитками и угрожающими табличками, охранная премудрость от любопытных мальчишек.

18.

Беспокойная старушка в кафе туристического квартала Мамилла близ Яффских ворот не справляется с капризным внуком: светлые брюки ее сзади расписаны чернильными детскими каракулями.

Есть тайная каменная книга — летопись иерусалимских стен: на них полно осмысленных зарубок; я обхожу Старый город и всматриваюсь в странные клинописные значки, оставленные теми, кто штурмовал, отстраивал, прибегал под защиту этих стен.

Садик на крутом склоне под стенами над Геенной. Благоухающий перегаром араб с бутылкой арака в руке басом препирается с группой школьников. Школьники отшучиваются, но и остерегаются пьяницы.

Геенна на арабском «Jahanname» — известное из тюркского ужасное ругательство, за которое в бакинских дворах моего детства можно было схлопотать всерьез.

Теплый ветер трогает низкорослую тую и покрытые мелкими цветами жесткие кустарники со смолистыми пахучими листьями. Эти травы топтали крестоносцы, римляне, вавилоняне, — всё это слишком мало по сравнению с Богом и в то же время впору Ему. Римлянин вошел в Святая Святых и ничего не увидел.

Не для каждого Иерусалим полон Богом. Не для каждого он Им раскален. Нет ничего проще, чем увидеть в этом городе груду камней, разложенных по крутым склонам. Но и человек

25

тоже — с виду — плоть и прах, и только; поверить в его божественное происхождение — тяжкий труд.

19.

Реки света в темноте стекают по ярусам города. Яростно шумит шоссе вдоль Гееннома: подъемы и светофоры заставляют автобусы и грузовики реветь на пониженных передачах.

Священник-грек в очках, с седой бородой задумчиво обходит границы греческого кладбища. Под горящими окнами какого-то подворья с развевающимся британским флагом над крышей — садик с серпантинной дорожкой и зарослями розмарина. Стены подсвечены прожекторами, и башня Давида рубкой выступает вдали среди парусов теней.

В Мамилле в растворе угла каменного амфитеатра пожилые и не очень иерусалимцы водят хороводы под восточные песни.

Скоро становится совсем темно, и город взмывает вверх огненными лентами, вьющимися по взгорьям.

20.

Улицы Иерусалима, в основном, устроены по принципу веера и дуг: в крупном масштабе — проведенных по направлению к Старому городу; в локальном — осваивающих террасы гористой местности. Ребра веера (большие — дорога на Газу, Агриппас, Яффо, малые — например, Керен Каемет, Бецалель, Рамбан) покрывают удаление от Храма или смещение по ярусу; дуги (одна из больших — Короля Георга; одна из малых — Менахема Усышкина) обеспечивают сообщение по всей поверхности террасы, ибо рельеф Иерусалима и предместий — уступчатый, со множеством долин, ущелий, оврагов, плато. Это славная и редкая топология: сегодня можно выйти по одной из дуг и в каком-то месте, перейдя на одно из ребер, достичь Яффских ворот; а завтра пойти по дуге в противоположную сторону и, незаметно скользнув по иному ребру, прийти все к той же башне Давида, у которой герой рассказа

Бунина «Весной, в Иудее» закадрил торговку козьим сыром, из-за чего бедуинская пуля заставила его хромать остаток жизни.

Создается впечатление, что ты движешься по поверхности сферы. Идешь ли налево, направо, вверх или вниз — все равно сваливаешься к центру: к одним из городских ворот, за которыми пространство вообще исчезает, благодаря своей особой туннелеобразной сгущенности. Старый город — не сфера, а шар, ты перемещаешься в нем вверх и вниз — от Котеля в верхний город, по археологическим шахтам и арочным проходам, по улицам, изгибающимся и рассекающим; есть и непрерывные маршруты по пространству крыш, это особенно увлекательный и не слишком доступный вид спорта: так передвигаются некоторые военные патрули. Итак, в Иерусалиме тело подчиняется движению по сфере с шаром Храма на одном из полюсов, причем, непонятно, на котором именно: верхнем или нижнем; и оттого кажется, что в дело где-то вмешивается лист Мебиуса. Следовательно, Иерусалим — лепестковая поверхность сферы, сложно обернутая вокруг шара Храма, входы в который находятся на сфере там и здесь. И что нам все это напоминает? Разумеется, с точностью до гомеоморфизма, топологию художественного пространства «Божественной комедии» Данте, с необходимой ссылкой на работу Флоренского «О мнимости в геометрии». Вчера я понял это, когда прошел к Западной Стене через Армянский квартал, а вынырнул обратно к Яффским воротам через раскопанный в 1976-м Северный проход в Верхний город. Осталось только найти вот эту особенную точку переворота, в которой Вергилий с Данте, следуя топологии ленты Мебиуса, могли стоять и вверх, и вниз ногами, в зависимости от выбранной траектории перемещения. Вообще, такая топология — когда пространство изобилует тесными складками, когда в нем совсем нет катетов, зато оно всё прошито гипотенузами, когда повсюду малодоступные лабиринты, сгущающие в нем время, — известно мне еще с детства по проходным дворам. У ребенка шаг короче, чем у взрослого, и ему приходится больше трудиться, чтобы поспевать за старшими темпом пешей жизни. И потому мне нравились любые способы экономии шага — путешествия на такси и проходные дворы, которые казались загадочными устройствами для телепортации. Это было похоже на чудо: зная, что впереди долгий линейный путь по открытому пространству, я следовал за отцом, и мы вдруг ныряли в какой-нибудь известный только ему гипотенузный проход. Пространство внутри дворов интересней пространства фасадов, ибо есть чем заняться глазу: палисадники, веранды, детские городки и жизнь в окнах и на балконах развлекают, и ты не замечаешь, как уже выныриваешь чуть не на другом конце города. Таких телепортаций можно предпринять в Иерусалиме множество, — после того как свалишься по сфере в шар. И разве белокаменная просвечивающая закатом сфера с вложенной в нее тайной шара не напоминает цветок лотоса?

21.

Метафизическая модель Иерусалима могла бы следовать топологии Данте и изобиловать духовными ярусами, составляющими многоуровневый амфитеатр, исполненный множества углов зрения и добавляющий к нашей гипотезе об Иерусалиме, как сфере с шаром Храма на одном из полюсов, — основательности. В представлении об этой полюсной двойственности как раз и содержится сохранность Храма горнего пред руинами Храма дольнего, долженствующего восстать в реальности.

Вечером шел из Рехавии дорогой на Газу, потом по Керен а-Йесод, к улице Зеева Жаботинского и Йемин Моше, где стоит мельница Монтефиоре, основавшего первый квартал вне стен Старого города, и где в небольшом отеле жил автор великого, уровня фолкнеровского «Медведя», рассказа «На память обо мне» — Сол Беллоу несколько дней подряд открывал утром дверь комнаты и видел слева взгорье Яффских ворот, а справа вдали — тот склон, по которому теперь можно спуститься — мимо музея Менахема Бегина и Шотландской церкви — к Синематеке в Саду Вольфсона, чей почтовый адрес содержит слово «Геенном». Так я и поступил, но прежде застыл на пешеходном мостике над дорогой на Хеврон. Я стоял и размышлял о том, что люди, проходящие мимо, наверное, не видят того, что вижу я, — иначе они бы замерли и долго не сходили бы с места, едва сдерживая дыхание. Позади закат все гуще окрашивал тлеющие тихим огнем камни Иерусалима. Впереди на востоке в сизой дымке светился изнутри город, рассыпанный по двум горам. Уже там и здесь блестели бриллиантовые и жемчужные огоньки. И за этими горами — за городом — не было ничего, кроме глубокого неба. Никогда прежде я не видел ничего подобного. Даже стоя на берегу моря или океана, никогда не испытывал я пронзающего мозжечок ощущения, что нахожусь на краю света. Сначала мне казалось, что там, за восточной частью города в дали, затянутой пеленой и надвигающейся теменью, находится море. Так оно на самом деле и есть: с самых высоких башен Старого города в особенно ясную погоду можно рассмотреть Мертвое море. Впечатление того, что сразу на востоке за Иерусалимом начинается открытый космос, объясняется просто, но это нисколько не умаляет его, впечатления, величия: сразу за городом пролегает Иудейская пустыня, которая размеренно погружается в самую глубокую земную впадину на планете, на донышке которой — Мертвое море и, согласно одной из гипотез, театр военных действий будущего Армагеддона.

Закат — царь Иерусалима. Белый известняк — минерализованное миллионолетнее время вод доисторического океана Тетис — теплеет на закате, и сезанновский персиковый оттенок камня вторит черепице крыш квартала Йемин Моше и Синематеки. Узкие ленты изгибающихся пешеходных мостиков открывают наблюдателю «поприще воскрешения последнего дня» — долину Кедрона, реки, куда стекала жертвенная кровь, употреблявшаяся садовниками как удобрение. Говорят, в Иерусалиме до сих пор можно встретить землевладения, чьи почвы обладают необъяснимой тучностью. Сюда же, к Кедрону, ныне забранному в трубы, от Храмовой горы вели подземные тоннели, по которым выносилось нечистое и разбитые идолы, свидетели неустанной борьбы пророков с язычеством. К северу виднеется монастырь Гефсиманского сада и череда почитаемых гробниц, одну из которых приписывают Авшалому. Она полна камней, многие века бросаемых в провалы ее стен в знак презрения к непокорному царскому сыну (худое помнится тверже хорошего; где, например, могила — пусть мифическая — самого Давида?). Городская легенда сообщает, что в год рождения А.С. Пушкина по этой гробнице палила наполеоновская артиллерия, выражая таким образом порицание Авессалома.

На закате из Старого города с глухим дребезгом доносится бой колокола. Всё чудится нереальным, без всякой мистики и предвосхищения чудесного. Совершенно беспримесное, исключительно ландшафтное зрение покоряет и изменяет сознание, и глаз не в силах оторваться от этого тихого отсвета, который преображает всё вокруг таинственной прозрачностью. Иерусалим словно приподнимается над собой — еще выше в небо: вот откуда это ощущение, что здесь ты будто на Лапуте, на некоем парящем острове.

Первое упоминание Иерусалима отыскивается на клинописных египетских табличках четырехтысячелетней давности — в заклятиях против городов, враждебных XII династии фараонов. Три тысячелетия назад название города предположительно звучало как Ирушалем, и есть гипотеза, что это — от иарах — «основывать» и «Шалим или Шулману», — от имени западносемитского божества заката, бывшего покровителем города. Таким образом, Ирушалем — «основание Шалима», «основание заката». В Мидрашах же название города обычно связывается со словом шалом («мир» — иврит). А позднее греческое название города связывает его с оплотом святости — вот почему «иерос» по-гречески означает «святой».

Так слово «закат» — «шалим» — сквозь века перетекает в слово «мир». Иерушалаим — и город заката, и город мира. Шалим и Шахар — закат и восход: писатель Давид Шахар (романы «Улица Пророков» и «Ур Халдейский»), почитаемый по преимуществу во Франции, где его называют «израильским Прустом», часто с любовью помещал отсвет заката на лысине своего героя.

22.

Мне всегда представлялось запредельное — потустороннее — существование вознесенным и разложенным по неким воздухоносным ярусам, мосткам, островкам, подобным иерусалимским ландшафтным ступеням, террасам, площадкам, мостам, пролетающим над пропастями из одного склона ущелья в тоннель в другом; я воображал потусторонний мир подобным гнездовью, этаким многоуровневым счастьем пребывания: вот как, например, попасть после смерти куда-нибудь на метафизический лофт, антресоли — в голубятню, где души — птицы: время от времени голубей там выпускают полетать, пополоскаться в синеве под заливистый свист, насладиться небом — и принимают их обратно, сыплют им зерно, пускают к поилке...

Кажется очевидным, что сложное и в то же время компактное устройство Иерусалима находится в отношении подобия со всем миром. Все библейские события — так или иначе послужившие моделями или просто невольно повторенные военными и человеческими отношениями исторических столкновений, драм и трагедий, — были вполне компактны и исчислимы, и, следовательно, поддавались полноценному анализу. Вообще, иначе и быть не могло. Модель всегда обозрима и доступна разумению, согласно требованию полномерного контроля исследователем. В течение последних тысячелетий почти нет столь авторитетных текстов, кроме

Танаха, которые бы претендовали на всеобщность следования ему. И для этого необходимо было объять именно то, что принципиально можно было обозреть, взять в руки, пережить. Танах с предельной строгостью обходится с аллегориями, символами, тропами. В нем содержится требование пшата — буквального толкования текста. И это есть необходимое следствие компактности — доступности человеческим способностям — описываемого мира. Ибо всё символическое и абстрактное, часто не менее важное и живое, находится за горизонтом и есть следующая ступень разумения.

Иначе и быть не могло. Оптимальный размер родины зависит от возможностей человеческого тела. Для Адама Кадмона — он сам и есть Вселенная. Все библейские события происходили на территории отнюдь не огромной, и упоминаемые племена и земли были лишь кучками людей и небольшими владениями. Сакральность модели (в частности — карты) в том, что она в нашем собственном приближении, накладываемом человеческой природой, являет собой то, что видит Всевышний (при взгляде на пространство, на историю, на вопросы причинно-следственных связей — воздаяния и произвольности происходящего и т.д.). Таким образом, Танах — своего рода карта истории. Завоевание и освоение Северной Америки — разве оно не напоминает овладение еще одной обетованной землей? Танах — структура, с помощью которой можно было бы предсказывать поведение реального мира, включая пространство и человеческие отношения.

Израиль, кроме того что без его упоминания не обходится ни одна сводка новостей, так или иначе многими своими аспектами исторического, государственного, географического бытия проецируется на весь мир, и мир, пронизанный иудео-христианскими смыслами, волей-неволей вынужден соотносить свою эволюцию и свои реакции со своим библейским детством. В самом деле, как бы ни были упорны позитивистские наклонности современной цивилизации, но библейский исток мира столь же важен для современности, как важно время формирования личности для ее взрослой жизни. Истоки личностных расстройств и формирования поведенческих реакций если где-то и находятся, то в анамнезе библейского наследия. Отношения Эсава и Иакова, судьба Ишмаэля говорят нам о мотивационном устройстве взаимоотношений наследуемых им человеческих общностей едва ли не больше, чем все аналитические материалы современных исследований.

23.

Подобно тому как христианство стало провозвестником Ветхого Завета во всем мире, так повсюду разнеслись его экзистенциальные смыслы и топонимика. Белоснежный Ферапонтов монастырь к северу от Вологды мне привиделся однажды исполненным в камне миражом Иерусалима. Топонимика Америки, библейские имена президентов и простых американцев и географические названия. Десяток *Jerusalem's* и *Jerico's* по всем Соединенным Штатам. Российский Новый Иерусалим со своей Голгофой, со своим Кедроном. Армения, чья история, полная изгнаний, войн и погромов, представляется рифмой к истории Святой Земли…

Иерусалим похож на росток гороха, поднявшегося выше неба, на разветвленную воздухоросль — вспомнить уютные шалаши на деревьях детства! — и вот такое птичье существование прекрасно и уютно — великолепен обзор — всё кругом и далеко видно, при этом всё твое — и нет никакой скученности, каждый обитатель есть отдельная веточка небесного дерева.

Весь мир достижим в Иерусалиме. Иерусалим тоскует по раю, а рай тоскует по Иерусалиму.

24.

С заходом солнца долина Кедрона погружается в глубину.

К востоку от Гееннома тротуары и пешеходные дорожки вдоль стен Старого города исчезают, препятствуя случайному проникновению туриста. Но я настойчив, и у забранного колючей проволокой военного поста меня лаем встречает собака. В Геенне куча арабских детишек лазают по инжировым деревьям. Обалдуи постарше, завидев у меня фотоаппарат, кричат: «Пикча! Пикча! Алла! Алла!»

Теперь в Геенне довольно уютно. А раньше здесь, под стенами Иерусалима, стояли жертвенники Молоха, для жертвования, семи ступеней: курица, козленок, овца, теленок, корова, бык и человек. Язычники приносили туда своих первенцев и приводили скот. Одни говорят, что младенцев сжигали заживо, другие — что только проносили через огонь, и это было залогом того, что ребенок останется живым и невредимым и продолжит семя родителя. Как бы там ни было, пророк в этой долине жертвенники разгромил. С тех пор Геенном стал нехорошим местом — там на протяжении веков была городская свалка, где всё время что-то горело, туда сбрасывали трупы павших животных. Христианские смыслы тоже не прибавили этому месту доброй славы. Сейчас здесь чистенько, но кое-где у склонов сохранились входы в карстовые разломы, в которых можно представить себя на пороге преисподней.

25.

Улица а-Керен а-Каемет ле-Исраэль пересекает весь склон, на котором расположена Рехавия. Свое название она получила благодаря тому, что у ее истока, на углу с улицей Короля Георга, находится похожее на форт здание Еврейского национального фонда (JNF — Jewish National Fund — Керен Каемет Ле-Исраэль — ККЛ) — некоммерческой корпорации, основанной в Базеле в 1901 году Всемирной сионистской организацией.

Фонд ККЛ был создан для покупки земель в Палестине под еврейские поселения, деньги в него поступали из еврейских общин всего мира. Первые покупки были сделаны у богатых арабов, живших в Бейруте или Дамаске и владевших землями в Палестине, которые не приносили им дохода. Фонд начал сдавать земли в аренду на 50 лет под сельскохозяйственные поселения, и в 1909 году в долине Иордана возник первый кибуц.

ККЛ в основном удавалось купить необрабатывавшиеся, целинные земли — каменистые, песчаные, заросшие бурьяном. Начали осушать болота, сажать деревья: например, на территории Вейцмановского института некогда сильно заболоченной, насаженная эвкалиптовая роща выкачала из почвы избыток грунтовых вод. За век с небольшим фонд посадил деревьев столько же, сколько было народу в лучшие времена в СССР, построил две сотни плотин и водохранилищ и создал более тысячи парков.

Историческая роль фонда в консолидации земель Израиля колоссальна: план ООН по созданию независимого государства Израиль 1947 года предусматривал выделение тех земель, которые принадлежали евреям. К моменту ликвидации британского мандата на долю ККЛ приходилось 55% всех земель в Палестине, и, можно сказать, что Израиль обязан фонду той территорией, которую имеет.

Двадцать лет назад я обнаружил под Реховотом руины фермы и в них нашел исписанные химическим карандашом листки — письма к хозяину фермы из Англии, отправленные в конце 1920-х. В ту пору я читал «Улисса» и в главе, где Блум, будучи рекламным агентом, внимательно изучает газетные объявления, наткнулся на вероятную причину возникновения этих писем, тесно связанную с деятельностью Керен Каемет ле-Исраэль. Одним из объявлений, опубликованных в газете 16 июня 1904 года и привлекших внимание Блума, было предложение палестинского товарищества плантаторов приобрести у турецкого правительства апельсиновые плантации и необъятные дынные бахчи к северу от Яффы. Или же всего за восемьдесят немецких марок можно было приобрести гектар необработанной земли, которую засадят маслинами, апельсинами, миндалем или лимонами. Плантаторы обязывались поместить покупателя в список товарищества в качестве пожизненного владельца и ежегодно высылать часть урожая.

В то же время у Агнона, впервые приехавшего в Палестину в 1907 году, можно найти упоминание, что подобная заочная покупка земель впоследствии оказалась надувательством. В любом деле, получившем широкое распространение, так или иначе появятся желающие поживиться на устойчивом спросе, а удаленность покупателя этому только способствует. Но именно так — деятельностью таких товариществ и Еврейского национального фонда закладывалась основа будущего государства. Кто-то брал землю у фонда в аренду, а кто-то, кто не мог не только купить, но и вносить арендную плату, делал по-другому: иностранцы-частники покупали землю, арендную плату не брали, а получали свой доход частью урожая, вторая часть доставалась тому, кто обрабатывал. Как бы там ни было, земли Палестины покупались и возделывались, а не захватывались, как представляется многим.

26.

Древний город любопытного туриста обращает в своего чичероне, и автор этих строк тому доказательство. Впервые я увидел Иерусалим на экране — не помню, что было раньше: кадры плачущих у Западной Стены израильских парашютистов, захвативших Старый город, или приключенческий фильм с молодым Питером о'Тулом, где он с юными друзьями — мальчиком и девочкой — украдкой от английских патрулей пробирается по крышам Старого города к некоей заветной цели. Но уже тогда мое внимание было поглощено этим городом, в котором есть камни, ради которых человечество способно изменить русло своей истории. И что для человека, читавшего в детстве книжки Астрид Линдгрен, может быть интересней города, в котором можно гулять по крышам?

Даже в условиях беспросветной осады восточный город не обходится без базара. Чтобы избавиться от него, недостаточно даже стереть сам город с лица земли. Центральный рынок Иерусалима находится на улице Махане Иегуда, на месте лагеря Иегуды. С улицы Бецаллель по ступеням вверх ныряешь в сгусток узких улочек. Дворики их полны детьми и пахнут свежевыстиранным бельем. Скоро погружаешься в базарный шум, в толчею посреди изобилия и дешевизны. Зеленый жгучий перец, продающийся здесь, легко заменит урановый стержень в реакторе. Оливки поражают нарядной роскошью — глянцевых, налитых и подвяленных, переложенных крохотными стручками перцев. Двое продавцов разбирают огромную корзину крупных маслин. Отбирают переспевшие и гнилые. Здесь же разводят поташ, в который вывалят оливки, чтобы устранить горечь. Антарктиды белых мягких сыров. Горы лущеных орехов и стройные ряды овощей. Йеменская лавка, где можно выпить сок этрогов, смешанный с гатом — травкой, которую йеменцы и эфиопы жуют, чтобы повысить тонус и заглушить чувство голода и страха. Сегодня день выступления Аббаса в ООН, и на базаре множество патрулей. По Махане Иегуда разумно выйти к Яффо. Это улица, на которой недавно запретили автомобильное движение и пустили трамвай. Позвякивание мягко стелящегося на новеньких рессорах трамвая. Гудение рельс. Хочется, как в детстве, приложить к ним ухо, всмотреться в марево над их нагретыми блестящими стальными линиями. За несколько верст услышать приближение вагона, — так легче ждать.

Прежде чем отправиться на северную оконечность Иерусалима, трамвай останавливается у Мамиллы. Жестяная Герника — три огромных разноцветных скульптуры, вылепленные из листов жести, принимают драматичные позы, нечто среднее между «Лаокооном» и «Гражданами Кале». Я работал с жестью, делал водосток и кровлю, и знаю, какое это трудоемкое занятие. Жестяные тела динамически выступают на фоне Яффских ворот. Отчего-то эта скульптурная группа очень идет Иерусалиму. Наверное, потому, что это единственные скульптуры, которые доступны обозрению на фоне всей панорамы города. Тело — и вслед за ним скульптура, способная изобразить душу, — мистично. Символ скульптуры вообще сформулирован в работе Родена «Муза». «Муза» выражает изломанную, несколько даже химеричную женскую фигуру — отчасти недовоплощенную, отчасти искалеченную. Она стоит в Лондонском музее Виктории и Альберта, и к ее постаменту прикреплена надпись, цитата из Рильке: «Never was the body so bent by his soul».

Инвалиды в колясках в Иерусалиме не попрошайничают, а покупают. Москвичу непривычно и отрадно их участие в уличной жизни наравне со всеми.

27.

Греки называли евреев атеистами, безбожниками, ибо не понимали, как можно отвергать главное достижение цивилизации — прекрасно разработанный пантеон богов: надо признать, поля мифологических силовых напряжений хорошо объясняют драматические мотивы человеческих взаимоотношений — см. хотя бы усилия Роберто Калассо, его «Брак Кадма и Гармонии».

Похоже, в современном мире достижения греческого политеизма успешно адаптировало классическое искусство — со всей аристотелевской силой поэтики, законами драмы и прочих канонов. Недаром так популярна религиозная коннотация в отношениях с искусством. Некоторым искусство порой с успехом заменяет религию. Вопрос только в широте метафизического горизонта.

28.

Возрождение иврита едва ли не большее чудо, чем создание государства Израиль, и последнее вряд ли было бы возможно без первого. Как можно себе помыслить двадцать столетий безвременья, в течение которого язык был лишен своей плоти — народа? И подобно тому, как иврит возродился для жизни, древний Иерусалим должен предстать пред будущим, увенчанным Храмом.

Пространство Иерусалима слишком долго для нашей пытливости пребывало в литературной реальности. Подлинные раскопки, подлинные устремления к истине возникли совсем недавно, и они слишком невелики и непродолжительны с точки зрения двух тысячелетий попрания и забвения. Кажется, христианству Иерусалим, даже не смотря на крестовые походы, был совершенно не нужен. Как не очень нужно ему было даже доказательство исторического существования его основоположника. Христианство предпочитает удалять мир и действительность в область ожиданий, нереальности. Иудаизм, напротив, предельно конкретен, он весь в «здесь и сейчас». Бог незрим, зато всё остальное должно быть предельно зримо и конкретно, включая историю, которая со времени конца эпохи пророков стала главным языком божественного откровения. Никто так не ждет Спасителя, как евреи. Христиане его ждут абстрактно и даже несколько опасаются избавления. Евреям в смысле приведения действительности в надлежащий вид нет равных.

29.

Я не был в Риме, и только в Израиле я увидел, как старятся камни. На КПП в Старом городе всегда стоят очень мощные десантники, раза в полтора крупнее среднестатистического солдата. Миновав пост, иду туннелем времен Ирода Великого и вижу, как меняется стертость и ноздреватость камней арочной кладки. К юго-западу от Стены Плача в музейной экспозиции, спускающейся к уровню Первого Храма на 25 метров, можно увидеть гигантскую арку, выступающую из храмовой стены. Некогда она лежала в основании главного пути на Храмовую гору.

Археология Иерусалима описывается строчкой Алексея Парщикова: «Лунатик видит луг, стоящим на кротах». Лунатик отличается от простого человека тем, что не способен свой сон отличить от действительности. Вот так и ты сомнамбулически, будто во сне, ходишь по стоящему на раскопах Иерусалиму, заглядывая в археологические колодцы, забранные решетками и густо засыпанные монетами туристов. Чарльз Уоррен, обходя запрет турецких властей производить любые археологические работы у Храмовой горы, рыл отвесные шахты и вел от них горизонтальные туннели к Западной Стене.

Так почему же Иерусалим так сильно углублен в наносную осадочную толщу? Дело не только в забвении, которое с точки зрения нынешнего положения вещей выглядит смехотворным: есть государство, есть народ, который восстал из могилы (Виленский Гаон писал, что народ Израиля в рассеянии — разлагающийся труп), а колыбель его — родной Иерусалим — находится всё еще в толще безвестности, и Храм все еще стоит в руинах. Выиграны войны, летают самолеты, нет более мощной гуманистической и вооруженной силы в регионе, а сердце Израиля отчего-то изобилует руинами.

Литературной реальности пристало в некоторых случаях меряться силой с действительностью. Литература вообще есть предмет веры в слова и, как любая вера, способна творить чудеса созидания. «Чем незримее вещь, тем оно верней, что когда-либо существовала на земле», — писал Бродский. Как получилось, что удерживаемая и обживаемая в пространстве веры реальность Иерусалима, сформированная Писанием, оказалась заваленной осадочными пластами безвременья? Кроме препятствий, чинимых обстоятельствами чужеродного владенья, есть и вина сознания в том, что им отвергалась земная правда; это обычная ошибка — слабость инфантильного (романтического) сознания, постулирующего примат идеализирующей отвлеченности над действительностью.

Ведь нельзя же любить вместо своей жены абстракцию? Иначе не получится ни любви, ни детей. Такое отношение к миру бесплодно, не владеет будущим. Абстрагированный Иерусалим — при всей своей нематериальности и есть тот новейший мусор, — тысячетонные его пласты, завалившие Иерусалим подлинный, подлежащий воскрешению. В этом смысл восстановления Храма, которому предначертано стать вершиной работы по очищению пространства, выполненной археологами со всей возможной мощностью современной науки.

30.

Парк у похожего на крепость Монастыря Креста, где провел последние годы Шота Руставели. Согласно легендам, Монастырь Креста был основан не то в IV веке императором Константином, не то в XI веке грузинским царем Багратом — на месте, где был вырублен главный крест христианства. Сейчас монастырь принадлежит греческой патриархии. Но, полагаю, здесь были срублены вообще все кресты того времени: здесь рос лес. Да и сейчас, если пройти подальше за Кнессет и Музей Израиля, можно оказаться в настоящем лесу и встретить оленей и дикобразов. Завидев в высохшей траве стремительный бег последнего, я вспомнил, как в Иране мне один водитель объяснял: нет зверя страшнее дикобраза, наехать на него беда — иголки его так крепки, что запросто можно пробить не то что шину — картер. И еще вспомнил, как в Гирканском заповеднике (реликтовый сумрачный лес горных влажных субтропиков, ажурно-многожильные комли железных деревьев, чьи стволы похожи на мускулы, с которых снята кожа, множество колючих лиан и заросли тонкого бамбука вдоль ручья) играл с товарищем в шахматы перед норой дикобраза, поджидая, когда этот остистый зверь наконец соизволит сунуть свой чуткий мокрый нос под объектив фотоаппарата.

Грузинская патриархия двадцать лет назад прислала в Израиль делегата, которому была поставлена задача вернуть грузинам Монастырь Креста, отняв его у греков. Грек-настоятель в припадке пароксизма вылил кислоту на грузинскую фреску с якобы прижизненным портретом Шоты Руставели. Фреску уже восстановили, но история с передачей монастыря «и ныне там».

В просторном парке по дорожкам носятся велосипедисты, роллеры и бегуны, гуляют мамаши с детьми и собаками, а над просторной чашеобразной лужайкой пролетают дальнобойные, преодолевающие больше сотни метров разноцветные тарелочки фрисби, которыми играют в некое подобие гольфа.

31.

Тель-Авив. В сквот на улице Ротшильда приехал выступать знаменитый бунтарь, лидер парижской студенческой революции 1968 года Даниэль Кон-Бендит. Дорогие автомобили останавливаются у входа в сквот, стены которого давно остаются без штукатурки. Актриса Олби Вайнберг, чье амплуа — блондинки, — выходит из кабриолета и поднимается по ступеням сквота, чтобы присоединиться к студентам и выпускникам философского факультета Школы искусств «Бецалель» (Бецалель — персонаж Танаха, создатель Ковчега Завета). На столе стоит чайник, из которого можно плеснуть себе кипятку; со стола же разбираются пепельницы. Красный Дани — прозвище французского бунтаря — говорит интересно, и скоро сквот наполняется табачным дымом. Среди прочего обсуждаются проблемы современного Израиля. «Государство Палестина необходимо Израилю больше, чем палестинцам», — утверждает один из участников дискуссии. Другой убежден, что структура политической жизни Израиля напоминает не столько лебедя, рака и щуку, сколько брак на грани развода, который, как известно, самый долговечный: «Структура политической жизни Израиля изобилует равнозначными связями, отсутствием иерархии. И в этом спасение. В Лондоне и Париже недавно случился мордобой и мародерство, а здесь не разбили ни одного окна и ни одного камня не швырнули в полицейских. Положение спасла любовь народа Израиля: единение народа».

Один из пришедших на встречу англичанин задает моему соседу вопрос о том, что такое Мэссад, что известно об этой службе внешней разведки. «Тайная служба на то и тайная, чтобы такие ребята, как я, ничего о ней не знали, — следует ответ. — Но у меня была девушка — серьезный чин в службе безопасности аэропорта Бен-Гурион. С ней было очень неудобно. Она не пила, траву не курила, по душам не говорила. Что поделать, такая профессия».

32.

Кесария, город Ирода Великого. Туча несется над морем, тень от нее чернильно ложится на волны, плещущиеся в бухте. Ипподром, на котором пятнами проступала кровь коней, распоротых осями колесниц. Арена, водосборные колодцы.

Нет ничего красивей, чем бег лошади на фоне штормящего моря, которое меняет цвет по мере продвижения туч.

Согласно легенде, Ирод, вырезав династию хасмонеев, из них оставил в живых только свою жену, юную красавицу. Он сильно ее любил, а та его ненавидела. Она вышла на крепостную стену и бросилась с нее, сказав: «Люди, знайте, отныне нет больше хасмонеев». Ирод не смог расстаться с возлюбленной. Он погрузил ее тело в мед и потом время от времени вынимал его оттуда для выраженья любви.

Недостаточно мрачно, чтобы быть правдой, думаю я, и вспоминаю о метафизическом смысле меда. Чтобы собрать килограмм меда, пчеле нужно облететь 150 миллионов цветов. Так пчела сгущает пространство в меде. Андрей Белый называл себя прозрачной пчелой, собирателем пространства. Пчела есть символ метафоры, символ поэзии, так как пчела осуществляет творительные функции: опыляет, сопрягает женское и мужское, подобно метафоре, в сравнении рождающей смысл. Таким образом, попасть в стихи — в вечность —

значит попасть в мед. В Кесарии обилие руин. Дворцовые постройки. Тоннели конюшни. Амфитеатр с прекрасной акустикой, где невозможно смотреть балет из-за топота пуант. На гастроли приезжает Большой театр, дает «Жизель», выходит кордебалет и заглушает музыку топотом; издержки античной акустики, когда сказанное вполголоса на скине должно было греметь на ухо каждому сидящему в амфитеатре.

33.

Дождь над Кинеретом — это сизый свитый столп воды. Огромные камни сложены вдоль берега, местами расчищенного для купания. Рыбаки по грудь в воде с удилищами. Мальки больно щиплют ступни. Чистая ласковая вода. В Тверии заблудились и были обруганы мальчишками на окраинах — им было скучно.

На Хермоне в два раза прохладней, чем в долине. Склоны Голан заселены сирийскими друзами. В кафе сидят два друза-растафари, из колонок слышен Боб Марли.

Голаны тонут в дожде. Едем вдоль минных полей, забранных проволочной оградой. Коровы иногда прорывают проволоку и взлетают на воздух. Орлы обожают селиться на минных полях. Это — заповедник: людей нету, зато полно живности.

34.

Продвигаюсь по дороге к Котелю над Археологическим садом. Останавливаюсь над туристом-толстяком, усевшимся на камни. Расстелив платочек, он аккуратно ножичком чистит огромный манго и сочно уплетает за обе щеки. Вдали город тонет в золоте заката. Мимо на площадку для игры в футбол спускаются арабские мальчишки. Двое встают прямо перед толстяком и смотрят на него. Наконец один выкрикивает: «Fat jews! Mangle! Mangle!» Первый убегает, а второй пялится и тщится вспомнить хоть что-то из проклятий по-английски. Толстяк подхватывается и исчезает вместе с манго.

На обзорную площадку над Котелем выходит группа туристов. Внизу раскопки — мощеный Котель времен Второго Храма. Руины домов в соседнем раскопе — времен царя Шломо.

Группа туристов молится под музыку. Девушки склоняются с закрытыми глазами. От Котеля доносится праздничный гул и разнобойный напев. У Западной Стены больше женщин, чем мужчин. Большинство мужчин молится в синагоге слева, у Северного тоннеля.

35.

Любезная нотариус, обвешанная бриллиантами, говорит, что ее сын биолог вынужден был уехать в США проводить опыты на свиньях. Поросята обладают очень близким к человеческому геномом.

Мировой суд находится в одном из зданий Русского подворья. Над входом надпись: «Русская духовная миссия». Строгая охрана, обыск. Внутри выглаженный временем желоб плиточного пола. Толстые стены, кружевная чугунная лестница, купеческое богатство обиталища. Во внутреннем дворике висит белье, и молится еле живая от святости монашка. Семейство из пяти холеных дымчатых кошек веером расположилось на деревянном коробе, под которым стоят миски с водой и кормом. Рядом небольшой бассейн, где видны жирные хребты красных карпов. Огромный кипарис летит из двора в небо. Двор разделен на две части, во второй томятся пришедшие сутяжничать.

Мужичок поблизости от Меа Шеарим: кривоногий, в черных чулках, с пейсами и бородой, и главное — с шутовской ухмылкой Ролана Быкова. Он с удовольствием наблюдает, как полиция утихомиривает потасовку в овощной лавке.

Дом престарелых у Проспекта Голды Меир. При каждом старике, дремлющем в инвалидном кресле на лужайке, — крепкий малаец, который тоже дремлет, но с белыми наушниками айпода в ушах. Так вот кто отцы малайских детишек, щебечущих в автобусах на иврите!

36.

Иерусалимский зоопарк — чудо света, расположенное на многоуровневой террасной ленте вокруг ущелья. На дне его водоем, полный водоплавающих птиц. На склонах, завешенных лианами и вантами, в невидимых вольерах скачут и переругиваются обезьяны. Или медитируют на островках. Глядя на них, полезно вспомнить, что общий предок человека и шимпанзе был развитей современных гоминид. Так что естественному отбору не обязательно сопутствует прогресс. Можно развиться и можно опуститься. Просто быть человеком — трудная задача, достойней ее вряд ли можно придумать. Это следовало бы учитывать не только Энгельсу, но всем конструкторам общественных строев.

Сквозь зеленоватую толщу бассейна за стеклянной стеной пролетает за мойвой колония пингвинов. Вот кто из птиц научился летать под водой, ставшей для этих пернатых воздухом.

Есть в зоопарке животные, о которых и не слышал. Илистый прыгун (mudskipper) — вроде лупоглазого бычка с лапками вместо передних плавников. Это рыбки-амфибии, активно действующие на поверхности: выскочив из воды торпедой, скользкая рыбка нападает на собрата, защищая территорию. На земле они прыгают вроде кузнечиков, чудно́е зрелище.

В огромном стеклянном ангаре воссоздан тропический лес. Внутри из-за влажности стоит парная дымка, слышны капель, бьющая по широким листьям, и журчанье ручейков. Ты входишь в мангровые заросли и сталкиваешься взглядом с мангровой змеей, которая линяет у тебя на глазах, — глянцевая, новенькая, она вылезает понемногу из своего чешуйчатого чулка. В многоярусном лесу кричат и перелетают птицы. Выползает на полено а́га (cane toad) — огромная, размером с бройлерного цыпленка, ядовитая тростниковая жаба, поглотившая Австралию, куда была завезена для борьбы с паразитами.

В вольере лупоглазо, гордо и тонконого вышагивает мышиный олень — не мышь и не олень, но самый маленький из живущих на планете артиодактелей, с четным количеством пальцев на копытах, ужасно древний родственник китов, верблюдов и гиппопотамов, всего в три фунта весом.

Заменяющая в обиходе таксу аргентинская рептилия — черно-белый тегу — спокойно дается в руки и, весь шершаво приятный, сидит, щекоча запястья длинным раздвоенным языком.

На горе сквозь прореху в сводах третьего яруса тропического леса проглядывает Иерусалим. Устрашающая птица-носорог, чей массивный клюворог напоминает салон первого класса Boeing-747, и зеленый древесный питон, замысловатым корабельным узлом обвивший акацию, дружелюбно провожают тебя из вольера.

Оказывается, в ручьях, стекающих со склонов Иудейской пустыни в Мертвое море, водится эндемичный, то есть не встречающийся более нигде на планете, зубастый карп. Существование этой небольшой серебристой рыбки с крупной, как даймы, чешуей под угрозой исчезновения давно — с того времени, как уровень Мертвого моря начал понижаться.

Кенгуру медленно передвигается по пастбищу, подтягивая задние ноги-палки. Хвост его — одна сплошная мощная мышца, опора; кенгуру весь похож на инвалида: передние лапы — культи, задние — протезы, хвост — костыль. Но когда побежит — только его и видели, точно на параолимпийских играх.

И самое главное. Звери в зоспарке абсолютно свободны. Места их обитания — не морилки, как в иных зверинцах. Здесь — в такой неволе — продолжительность жизни больше, чем в дикой природе. Антибиотики, регулярная кормежка и нестесненность делают свое дело: срок жизни сокола в дикой природе 3–5 лет, в неволе — 25–30.

На обратном пути снова оказываешься у водоплавающих и замираешь. Кругом — белым-бело. Туча белоснежных египетских цапель, зобастых и с нежно-желтыми длинными клювами, уселась на воду и ветви деревьев: стая эта перелетная, видимо, оказалась привлечена дармовой кормежкой. Черные и белые гуси-лебеди оглушительно хлопочут крыльями. Стая фламинго: птицы стоят, не шелохнувшись, на одной ноге, с изящно свернутыми под крыло, как шарфы, шеями.

С лягушачьим ртом и с длинными ресницами серебристое австралийское чудище — иглоногая лающая сова (tawny frogmouth). Летучая лисица — сероголовый фруктовый нетопырь размером с фокстерьера (grey-headed fruit-bat). Стая этих бэтманов висит на ветвях вверх ногами; нетопыри похожи на укутанных в плащи седых карликов-чернокнижников. Шлемоносные казуары (double-wattled cassowary) больше напоминают птеродактилей, чем индюшек или страусов.

Великолепный детский сквер — выделанные эмалью, глазурной керамикой и поделочными камнями ажурные скульптуры зверей, по которым внутри и снаружи ползают дети. Тактильные ощущения и текстуры для детей важней фигур. Дети не видят формы, они видят поверхности. Близость зрительная господствует в трех-четырехлетнем возрасте: чаще от раннего детства остается узор на обоях, а не вещи.

Булькающие брачно-демонические вопли приматов. Стеклянные колпаки в вольерах сурикатов и байбаков, куда дети могут подлезть по тоннелям и оказаться лицом к лицу со зверьками. Лемуры с вертикальными хвостами, бесшумно спускающиеся с ветвей большеглазой устрашающей толпой на запах кусочка пиццы.

И один из немаловажных персонажей зоопарка — ландшафт. Задник его с любой точки живописен — видно высоко и далеко: белокаменные обрывы и террасы; а утопшие в зелени и обустроенные вольерами склоны ущелья создают впечатление неисчерпаемого разнообразия их обитателей.

Иерусалимский зоопарк больше похож на заповедник. Кажется, только в иудаизме есть заповедь благословлять прекрасное явление природы и зрелище удивительных животных — слона, носорога, жирафа. Мне всю жизнь кажется невероятным, что в природе существует жираф; его поступь и грация — вне моего разумения.

Библейский Ноев ковчег — прообраз зоопарка, и Иерусалимского в особенности: мир должен быть спасен не только вместе с человеком, но и со всеми его творениями. Экологические идеи в основе своей тоже исходят из Танаха: запрет рубить плодовые деревья, запрет убивать птиц, вынимая яйца из гнезда и т.д.

Флегматичный носорог, весь закованный в бронированные латы, чья мощь и свирепость известны еще из книги Иова, написанной задолго до Брема, сталкивается с собратом над охапкой сена. Раздается жуткий утробный рык, подобный шофару, заставляя сердце подскочить в горло, один из зверей отходит подальше и снова застывает, прищурив свои круглые глазки, глядя в незримое.

37.

К дороге на Хайфу вплотную подступает море, и машина взлетает на гору Кармель. На верхнюю террасу Бахайских садов не пускают, но и по нижней, с ее розоватым крупным щебнем, рассыпанным по парковым дорожкам (только через пару веков он сотрется, раскрошится, погрузится в почву), можно составить представление о гробнице Баха-Уллы — пророка новой религии, в XIX веке открывшейся человечеству в Иране. Баха-Улла стал источником надежды великого будетлянина Велимира Хлебникова на то, что исламский восток способен стать плодородной почвой для метафизического обновления мира. Атеистическая Россия поэта не устраивала именно из-за своей глухоты к метафизике; он не мог смириться со статусом футуриста, художественного провозвестника будущего: в своем знаменитом каспийско-персидском походе 1920 года, подражая Баха-Улле, он стремился реализовать себя как Властелин Времени, как пророк. Теперь бахаи есть даже в Харькове. Правда, в единственном числе.

В Хайфе доступ к гробнице Баха-Уллы оказался закрыт, а всё, что удалось рассмотреть вокруг, с очевидностью бросало вызов роскоши дворцовых садов Шираза, чьему искусству вторили когда-то ландшафты вилл первых нефтяных магнатов Апшерона. Но никаких фонтанов, только вензельно витиеватые скульптуры, их напоминающие: чаще всего целующиеся голуби. Стройные, как копья, кипарисы, филигранно выстриженные кустарники, цветистая многообразность и выверенность растительной палитры длинных клумб, величие мраморных парапетов и ажурность решетки — стилистически напомнили пространство тщательно прописанного фэнтези, чья рафинированность есть залог преобладания условности над достоверностью. Здесь хорошо грезить, подумал я, и тут же представил, что вижу вокруг рай ассасинов, или «Гелиополь» Юнгера; что ж, было бы забавно оказаться и там, и там, но только ненадолго, ибо никогда не был способен читать фэнтези далее второй страницы.

С Кармель скатиться на пляж под заходящее над волнорезом солнце. Поезд, протяжно гудя, упруго мчится вдоль берега. Горизонт затоплен смуглым золотом. С подветренной стороны бухты парни, толкая перед собой доски, гурьбой кидаются ловить волну, вдруг восставшую из прибойного ряда огромным горбом, подобно загривку Черномора.

Колоритный дед — бородач в сомбреро — ходит по пляжу с металлоискателем, как косарь. Говорит, что доход приносят не монеты, а драгоценности, которые купальщицы теряют на пляже: иногда к нему подходят женщины и просят найти оброненную сережку, показывают примерное место утраты, и если находит — вознаграждают.

Красивая женщина с умным лицом прищуривается на закатывающееся солнце поверх обложки английского перевода Зебальда.

38.

Кирьят Вольфсон — квартал англоязычный, богатый, строгий и добрый. Нигде в Рехавии не перегораживают улицы в субботу, как здесь. Нигде в Рехавии требовательные мамаши в париках не отчитывают детишек: — «Calm down! I said, just calm down!» И только в этих краях так распространены прачечные — недешевая услуга, пришедшая из американского образа жизни большинства обитателей. И только здесь в съемных квартирах хозяева скупятся установить стиральную машину, ибо, вероятно, не желают лишать постояльцев удовольствия, к которому они привыкли там, откуда прибыли. Посещение прачечной в Америке своего рода моцион, только американцам может сниться Laundry, и только в американской поэзии существует великое стихотворение, действие которого происходит среди мокрых рубашек и простыней (James Merrill, The New Yorker, 1995). Прачечными и бакалейными лавками в Рехавии владеют в основном арабы, учтивые и отстраненные одновременно; впрочем, товар у них безупречен, хотя и недешев, а понаблюдать за тем, как они у входа, склонившись над ящиками, в медицинских стерильных перчатках проворно начиняют большие финики грецкими орехами — одно удовольствие.

Случается на углах улиц в этом квартале, иногда снабженных скамьями и сквериками, услышать разные истории. Неподалеку обитает сухопарая и милая Элиза, разговорившись с которой можно узнать, что она живет на два дома (второй в Париже). Элиза полька и цитирует Чеслава Милоша, высказывая сведенборговскую мысль, что в аду часто можно оказаться в реальности, что для этого не надо покидать этот мир, а, случается, что только шаг за порог или невидимую ограду отделяет нас от преисподней. И тут же Элиза добавляет, что стихи — это всё что она способна вымолвить по-польски, ибо старается не говорить на родном языке, поскольку когда-то получила травму, из-за которой отринула родную речь и приняла иудаизм; так же поступили ее родная сестра и племянница, изучающая теперь политику в Еврейском университете. «Польские гены, — грустно говорит Элиза по-английски, — единственные в мире гены, которые переносят антисемитизм на молекулярном уровне».

«И в то же время, — добавляет она, — нигде, как в Польше, в которой во время войны было уничтожено почти все еврейство, не было столько героев, спасавших евреев от нацистов».

Я вспоминаю бабку своего приятеля, рижскую полячку, нежно любившую своих внуков, но неизменно звавшую их «жиденятами». Разумеется, всё это говорит только о том, что любовь и ненависть — кровно родственные вещи. Пример Каина и Авеля сообщает нам, что, по сути, ненависть есть острая нехватка любви. Объект, испытуемый любовью, с необходимостью испытывается и ненавистью.

Элиза в ответ неуверенно качает головой и рассказывает историю о том, как одна польская семья спасла еврейского мальчика, чьи родители сгинули в Освенциме. После войны они решили усыновить мальца и привели его к молодому ксендзу, чтобы крестить. Ксендз отказался крестить мальчика и велел им отыскать родственников ребенка и передать его им на воспитание. Так они и поступили, и мальчик отправился в Израиль, к своим дальним родичам. «Этот ксендз потом стал папой, — говорит Элиза и добавляет: — Гитлер для христиан был воплощением зла, антихристом. И когда он обратил всю свою злобу на евреев, они поняли, что зло уничтожает добро. Раньше они не сознавали, что евреи несут светоч добра, что они — пример для всего мира. После войны протестанты закрыли свои миссии в Палестине, запретив проповедовать христианство среди евреев…»

В Рехавии, как и в любом другом, насыщенном человеческим материалом месте, есть свои чудаковатые личности. Например, два коротышки: супружеская пара, оба в очках с толстенными линзами, оба нездоровые, благоухающие лекарствами, особенно она, которую он бережно поддерживает под руку и ведет маленькими шажками по тротуарам, когда все расходятся из синагоги. На нем перекошенная кипа, борода растет неровно — клочьями, но голос его тверд и зычен — вот воплощение мужского начала: он рассказывает ей обо всем, что происходит вокруг, а она переспрашивает, и, когда я нагоняю их, спускаясь на свою улицу, она говорит:

— А что рабби в проповеди сказал о будущем?

— Он не говорил о будущем. Он говорил о том, что сейчас небеса решают вопрос о будущем.

— Значит, он ничего не сказал о будущем?

— Нет. Он ничего не сказал о будущем.

Еще одна примечательная личность Рехавии: миниатюрная женщина с грубым макияжем, выходящая на улицу в блондинистом парике, красном пальто и в туфлях на огромных платформах. Издали — модная девочка, вблизи — странноватая молодящаяся старуха; она беседует с подростками, вышедшими из синагоги, что-то театрально рассказывает им. Актерка проницательно оглядывает прохожих, а девочки слушают ее заворожено, от чего, как любой лицедей, странная старушка на котурнах явно получает вдохновение. Я прохожу мимо и осознаю, что она в лицах пересказывает «Гарри Поттера».

Самый распространенный транспорт в западной части Рехавии — детские коляски, часто спаренные, катамараны для двойняшек. На игровых площадках множество чумазых и страстно поглощенных беготней детей, оставленных ушедшими в синагогу взрослыми, малышня под присмотром дежурных мамаш, увлеченных хлопотами о своих личных выводках. Особенно поражают девочки в платьях, порхающие по оградам, и яростно стремительные мальчики в пиджачках, из-под которых свисают замызганные цицит; не ясно, как только держится видавшая виды кипа при таких скоростях. Детей на огромной площадке видимо-невидимо — и они при всей разудалости поразительно самоорганизуются, остаются в рамках.

В эти дни в двери домов квартала стучатся робкие мужчины, которые, близоруко глядя через порог, неуверенно показывают мятые рекомендательные письма от раввинов в целлофановых конвертах и кланяются, горячо благодаря, когда получают цдаку[3].

39.

Йом Кипур[4] в Иерусалиме. Вдруг на закате раздается однообразно грозный долгий звук шофара. На улицах спохватившиеся водители газуют, стараются успеть до захода солнца домой. Мужчины в белых теннисных туфлях, кедах, кроссовках, белоснежно облаченные в талит с белыми кипами на головах и с молитвенниками в руках движутся в синагогу. Светофоры, будучи переведены в нерабочий режим, тревожно мигают; полное ощущение конца света, а не его репетиции. Люди идут не по тротуарам, идут посреди проезжей части, наслаждаясь пустынностью города. У Большой синагоги (неподалеку от угла Рамбана и Короля Георга) охранник — рыжий крепыш в очках — по-хозяйски обращается с автоматом, справляясь

3   Цдака (от еврейского «цедек» — справедливость) — благотворительная акция, милостыня. Цдака — одна из заповедей: дать нуждающимся — это, с точки зрения иудаизма, акт восстановления справедливости, то есть вещь обязательная. Давая цдаку, человек становится посредником между Богом и нуждающимся.

4   Йом Кипу́р в иудаизме — самый важный из праздников, день поста, покаяния и отпущения грехов. Отмечается в десятый день месяца тишрей, завершая Десять дней покаяния.

у входящих на предмет оружия, телефонов, фотокамер. Внутри звучит «Коль Нидрей», знакомая по классическому сочинению Макса Бруха для виолончели с оркестром. Вскоре начинается проповедь. Ее читает человек, чьего имени узнать нет возможности, но стоит сказать, что делает он это с великолепной дикцией — такой, что начинает казаться, будто все понимаешь, особенно, когда слышишь имена Уинстона Черчилля, Теодора Рузвельта и Давида Бен Гуриона. Рядом у дверей вдруг встал человек — азиатского происхождения, в очках с замусоленными стеклами, на плешивой голове разложен мятый носовой платок. Подобострастно кланяясь, он держит дрожащие руки сложенными лодочкой и прижимает их к груди, таким образом выражая свое почтение к происходящему в этом городе, в этой стране. Постоял, покланялся и, робко пятясь, удалился.

О чем была проповедь, можно только догадываться. Человек в высокой шапке, похожей на православный клобук, в свою очередь заимствованный из одеяния первосвященника, подходит к оратору и жмет ему руку, когда тот спускается с кафедры. Внутри синагога устроена как большая учебная аудитория — амфитеатром; что вызывает ассоциации с выступлением Цицерона в Сенате и пробуждает теплые институтские воспоминания. По окончании проповеди многие расходятся: видишь отцов, пришедших с детьми, и дедов, пришедших с внуками и сыновьями.

По дороге домой, проходя мимо палисадника, в котором сегодня утром приближал к лицу розу, вспоминаешь, что теперь на сутки действует запрет вдыхать благовония.

В Йом Кипур город таинственно тих. Этой тишиной наслаждаешься, в нее заворожено вслушиваешься. Открыты окна, и ты внимаешь тому, как молчит город, ты слышишь обрывки фраз прохожих, и снова загадочный какой-то звук, таинственный, некое отдаленное звучанье хора, не то далекий шум кондиционеров. Тишина порождается самим городом: это не молчание, но тайная едва слышная мелодия.

Йом Кипур — прекрасное время для детей: они гоняют по улицам на самокатах, играют в футбол на площадях; только изредка проедет патрульная машина. Охранники у американского консульства на улице Агрон попивают кофе и громко переговариваются о своих делах. Туристы итальянские, шведские смотрят на то, что происходит вокруг, не веря своим глазам. Проносятся по разделительной полосе велосипедисты.

У Западной Стены укорачивается тень, по мере восхождения солнца. У Котеля стоят примечательные ребята — один громко и отрывисто читает слихот, маршируя с сидуром в руках туда и сюда, по-солдатски разворачиваясь кругом, и никто ему не делает замечания. Все погружены в свои молитвы. Удивили два парня, с завываниями читавшие молитвы по-португальски. Рядом человек, накрывшись талитом, напевал грустную мелодию и вдруг заплакал.

Камни Стены — там, куда могут дотянуться руки, — гладкие и прохладные. В щели заткнуты туго свернутые записки. Те, кто подходит вплотную к Стене, задевают их, и клочки бумаги падают вниз с шероховатым звуком ударившегося в абажур мотылька.

40.

А теперь обратимся к тому, что происходило последние пятнадцать столетий над головами людей, в Судный День со слезами на глазах упиравшихся лбами в Западную Стену. Но прежде всмотримся в некоторые события и факты, имеющие непосредственное отношение к истории, которая вершится на наших глазах с помощью внешней политики США, включая ведущиеся ею войны: ибо война, как завещал нам Клаузевиц, — тоже политика, но с другим коленкором.

На мой взгляд, любой, решившийся впервые вникнуть в противостояние между исламистами и израильтянами, окажется примерно в той же ситуации, в какой оказалась героиня романа Ле Карре «Маленькая барабанщица», написанного полвека назад. В каком-то смысле все мы — чья судьба еще не пересечена силами этого противостояния — в определенном смысле «маленькие барабанщики», существа, лишь символически идущие в бой и способные погибнуть только от шальной пули. А «маленьким барабанщикам» положено слушать старших товарищей, находящихся во время боя в первых цепях, и уважать их решения и убеждения, подобно тому как молодая актриса Чарли сначала внимательно слушает любимого ею агента Моссада Джозефа, а потом выслушивает тоже завоевавшего ее ветреное сердце палестинского террориста Халиля. Суть противостояния между Джозефом и Халилем сводится примерно к тому же, в котором противостояли друг другу фараон и Моисей: силен ли еврейский Бог. Так вот, на мой взгляд, определенное мужество в мире современного еврейства необходимо для того, чтобы перевести вопрос противостояния именно в эту плоскость. Ибо исламисты уже давно находятся на той — взрослой стороне самосознания; среди них давно уже нет «маленьких барабанщиков».

Новейшая история в который раз доказывает, что исламисты, еще будучи в утробе, прекрасно осознают, что такое политика, что такое война, что такое квинтэссенция этих двух — экспансия: Аллах создал ислам и мусульман для того, чтобы все вокруг стали мусульманами — вот резюме, которое даст вам любой мулла, будучи спрошен о сути его религии. Евреи, с их запретом на миссионерство, с их ответом мудреца Гиллеля на вопрос язычника («Суть иудаизма — не делать ближнему того, чего не желаешь себе»), — априори находятся в проигрышной позиции. Исламисты отлично знают, что нужно делать, чтобы на захваченных землях скоро забыли о прежних владельцах и уверовали в то, что новоприбывшие обитали в этих наделах испокон веков. И они отлично понимают, что для этого недостаточно абсолютного физического господства. Для этого необходимо вторгнуться в метафизику. Экспроприировать святость, святыни, храм перестроить в мечеть, отменить священный текст и предъявить вместо него свой, отредактированный в корне. С их точки зрения христианство — религия простаков, ибо оно, христианство, канонизировало Танах, вместо того, чтобы просто его отменить или переиначить в свою пользу: как это сделал Коран, заменив Ицхака Ишмаэлем и лишь дипломатично выразив свое почтение пророку Исе (Иисусу). Перехватив у евреев действительность и истину, исламистам ничего не оставалось, как оказаться имманентными поборниками исчезновения евреев — сначала со страниц истории и затем с лица земли.

Нет лучше эпиграфа (и послесловия одновременно) к взаимоотношениям иудаизма и ислама, чем притча, рассказанная героем романа Эли Люксембурга «Десятый голод»: «Один шейх держал у себя ученым секретарем одного еврея. Был тот еврей образован в Торе, и предложил ему шейх однажды сесть и доступно изложить основы своей религии. Заполучив рукопись, шейх заперся на долгое время, основательно все перекроил, и вышла книга, названная потом Кораном. И обратился Мухаммед к народу с призывом собраться всем у колодца. И сказал: минувшей ночью был ему сон, где Аллах открылся, что дает арабам новую истинную веру, и выйдет она из колодца. И было: собрался народ, и опустили веревку, и достали оттуда Коран. "А теперь, — воскликнул Мухаммед, — берите камни и кидайте в колодец, такова воля Аллаха!" И сровняли колодец с землей, и никто не заметил, что с этого дня пропал ученый еврей, также как никто не знал, что накануне шейх попросил своего секретаря об одолжении: залезть в колодец и в нужный момент привязать к веревке книгу».

Для мусульман Храмовая гора связана с именем основателя Ислама, пророка Мухаммеда, с его мистическим путешествием. Пророк Мухаммед был вознесен на крылатом коне аль-Бураке, и в сопровождении архангела Гавриила отправился сначала молиться на Синай, потом в Бейт Лехем, где родился пророк Иса, и, наконец, в Иерусалим, на Храмовую гору, где он совершил молитву вместе с великими пророками.

Арабы завоевали Иерусалим в 636 году, и халиф Омар первым делом хотел увидеть место древнего еврейского Храма. Но патриарх Софроний, сумевший истребовать от Омара неприкосновенности христианских святынь, сначала вместо Храма Соломона предъявил ему Голгофу, а потом церковь на Сионе. Халиф не поверил Софронию и обратился к горстке иерусалимских евреев, которые и показали ему заросшее бурьяном и заваленное мусором место: сюда невозможно было подобраться, не оставив клочки халата на колючих кустах. Здесь Омар и совершил молитву. Строительство на Храмовой горе началось лишь спустя полвека, при халифе Абд эль-Малике, который над предположительным местом жертвоприношения Авраама воздвиг Купол Скалы. Предположительно известно не одно место акеды Ицхака. До сих пор для еврея одна из главных проблем восхождения на Храмовую гору состоит в опасности ступить случайно на место, где находилась Святая Святых, чье точное расположение еще предстоит определить.

Как бы там ни было, для проблемы Храмовой горы не менее важно то, что произошло в середине двадцатого столетия. К 1942 году нацисты завершили проект Amerika-Bomber. Такое название было дано прототипу стратегического бомбардировщика, способного дотянуть с Азорских остров до Нью-Йорка с пятью тоннами бомб на борту и сбросить их на небоскребы Манхэттена.

Ранее министр вооружений Третьего Рейха Альберт Шпеер записал в дневнике после одного из заседаний по проекту Amerika-Bomber: «Было похоже, что он [Гитлер] в бреду. Он говорил о том, как Нью-Йорк охватит пламя. Он представлял себе небоскребы, превращающиеся в огромные пылающие факелы, рассыпающиеся в прах, представлял отражение языков пламени, освещающих темное небо».

В 2003 году в Нью-Йорке проходило судебное заседание, где на скамье обвиняемых находился Шахид Никельс, друг Мухаммада Атты, направившего пассажирский самолет на башню Всемирного торгового центра. Этот принявший ислам немец заявил, что Аль-Каеда выбрала своей целью Манхэттен, ибо он — «центр мирового еврейства и центр мира финансов и коммерции, который оно контролирует».

Гитлер на собрании узкого круга своих сторонников в августе 1942 года заявил: «Если бы Карл Мартелл [майордом франков, разгромивший в 732 году Абд-ар-Рахмана, предводителя мавров, в битве при Пуатье и вошедший в историю как спаситель Европы от вторжения арабов] проиграл, мы все, вероятно, были бы обращены в магометанскую веру, культ, прославляющий героизм и открывающий дорогу в небеса лишь смелым воинам. Тогда народы германской расы завоевали бы весь мир».

Однако Фрэнсис Фукуяма в своих тезисах, вызванных к жизни событиями 11 сентября 2001 года, уточняет, что сравнение сегодняшней борьбы США с исламским террором с антигитлеровской кампанией полезно только для мобилизации народной поддержки военных операций в Ираке; но оно не поможет нам понять ситуацию в целом. Гитлер был лидером централизованного и авторитарного этнического государства. Исламские враги США, наоборот, состоят из различных группировок и часто перемещаются; некоторые из них опаснее других. И в этом выгода: можно играть на их внутренних различиях и избежать войны с двадцатью процентами человечества.

Исламский проект Третьего рейха — очень обширный, но хорошо изученный историками, — в свою очередь, уточняет американского философа. Вот что нам известно об этой активности нацистов, привлеченных тем, что в странах Ближнего Востока действовали лидеры и организации, призывавшие к борьбе с англичанами и евреями. В поисках арийского ислама внимание нацистов уже в 1930-е годы привлек Иран, «страна ариев», с XIX века являвшаяся полем борьбы за влияние между Британской империей и кайзеровской Германией. Германское правительство специальным декретом объявило иранцев «чистокровными арийцами», а расовое управление СС санкционировало браки германских девушек с представителями элиты Ирана. Немецкая пропаганда распространяла среди мусульман слухи, что Гитлер принял ислам, взял мусульманское имя Гейдар и по сути является долгожданным исламским мессией — Махди. Нацисты также привечали и другой полюс ислама — суннитский. Муфтий Иерусалима аль-Хусейни, после еврейских погромов изгнанный англичанами в Бейрут, не раз гостил в ставке Гитлера. Позже он переберется в Берлин и снимется на фотографии, где приветствует подразделения СС, набранные из мусульман.

Это вкратце. Всего лишь для того, чтобы понять, почему первая в XX веке реставрация мусульманских святынь на Храмовой горе была выполнена в 1938–42 годах по преимуществу на немецкие деньги. Кстати, самое известное ее наследие — колонны каррарского мрамора, подаренные лично Муссолини и стоящие сейчас в Аль-Аксе на диво всем туристам.

Остается только добавить, что в новейшее время реконструкция исламских памятников на Храмовой горе (как и святынь в Мекке и Медине) проводилась строительной компанией отца Осамы бин Ладена — и посчитать расстояние от места, где все это происходило, до Яд ва-Шема[5]: шесть километров, если напрямик.

5 Яд ва-Шем — израильский Национальный институт памяти жертв Катастрофы (Шоа) и героизма. Расположен в Иерусалиме на горе Памяти (Я'ар ха-зиккарон). Название — из Библии: «...им дам Я в доме Моем и в стенах Моих место [память] и имя, которые не изгладятся вовеки...» (Ис. 56:5).

Таким образом, мы видим, что необходимым условием мира является признание исламистами права евреев, чья суть совпадает с их священными текстами и мировой историей, на существование.

Работа, требующаяся от Ишмаэля для того, чтобы все-таки узреть истину и хотя бы, дать, если не уступить Ицхаку место на Храмовой горе, — огромная. Но он должен ее выполнить; если только он не хочет, чтобы евреи полностью исчезли с лица земли. Что значит для Ишмаэля помириться с Ицхаком? Что значит для Ицхака помириться с Ишмаэлем? Нет другого пути, как прийти к их отцу со смирением. Тогда и случится работа над миром, над его исправлением: не война, а сотрудничество. Нужно прекратить боль, кровь, грязь, голод, болезни, униженность и обездоленность — всё, что постигло Ишмаэля в пустыне и сейчас переживает Третий мир. Но как устранить озлобляющую обиду? Здесь не обойтись без усилий его, Ишмаэля, души. И неужели главный вывод из всех восточных военных операций состоит в том, что до сих пор Запад ничего не знал о Третьем мире? Неужели война теперь стала способом народов узнать лучше друг друга? Почти все израильские боевые генералы, знающие цену человеческой жизни, — левые.

41.

Из Рехавии в Тальпиот — к дому Агнона выйти несложно: около пяти километров почти строго на юг. В прихожей на стуле эбонитовый телефон, записная книжка, зонтик, тяжелая палка, чья массивность, скорее всего, объяснялась наличием бродячих собак на окрестных пустырях. По дороге к музею вы пройдете мимо утопшей в садах Немецкой колонии, выстроенной в XIX веке протестантскими сектантами — темплерами, членами «Храмового общества» или «Общества друзей Иерусалима», выказавшими себя настоящими сионистами. Топонимика в Немецкой колонии большей частью посвящена немецким и не только поборникам еврейской государственности — Ллойду Джорджу, Яну Смэтсу, Конраду Аденауэру. Затем вы пройдете полтора километра по дороге на Бейт-Лехем. Увидите монашку в накрахмаленном куколе за рулем пикапа и вспомните «Жандармов и инопланетян». Слева появится здание железнодорожного вокзала, построенного еще османами. Подъездные пути к нему не разобраны, а превращены в пешеходную дорожку. По ней летают велосипедисты и бегают за хозяевами собаки; сохранился и допотопный механико-релейный семафор, с керамическими изоляторами, гиревыми противовесами и рычажным аварийным приводом. Еще десять лет назад отсюда — с окраины района Тальпиот — можно было уехать в Тель-Авив. Теперь поезд отправляется из пригорода, и им мало кто пользуется.

По дороге орут птицы, кругом сады и скверы. Более или менее понятно, насколько всё это были пустынные районы во времена британского мандата: судить можно по наличию высокорослой растительности.

В Тальпиоте нашел дом Агнона и, никем в прихожей не встреченный, стал бродить по пустым комнатам; но вскоре появилась женщина и испуганно сказала, что музей закрыт и откроется только завтра. Я поспешил удалиться, чтобы не смущать ее. Вышел, спустился по улице, открывающейся над краем яруса, — и обмер. Белый иерусалимский камень, искрясь стеклами домов, рассыпался по склонам, а в дали, в восточной дымке наступающей ночи тонули и высились горы Иудейской пустыни. Они казались рельефом вплотную приблизившейся к нашей планете Луны, парящими над землей, над передним планом, составленным иерусалимскими холмами...

Я не удержался, чтобы сфотографировать — хоть и знал прекрасно, что такие чудеса на отпечатках у любителей не выходят. И тут снизу на меня закричал амбал в военной форме: «Але! Але!». И выскочили другие военные, и тоже стали кричать. Я огляделся и увидал чуть ниже по склону рвы и средневековые подъемные мосты. Оказалось, что американское посольство выбрало себе наилучший — прямо-таки космогонический — ракурс из окон кабинетов на Ближний Восток — ровно туда, где скитался, искушен, прародитель религии восьмидесяти процентов населения представляемой им, посольством, страны. Едва не арестованный, я окончательно подтвердил для себя еще одно иерусалимское наблюдение: дипломатические объекты здесь нередко доверяют охранять блондинкам, вооруженным настоящими винтовками М-16.

42.

Летом 1954 года Игаль Ядин, 37 лет, профессор археологии, отправился в США, где однажды за утренним кофе его привлекло объявление в «Уолл Стрит Джорнал» под заголовком «Четыре свитка с Мертвого моря»: «Продаются библейские манускрипты, датируемые не позже II в. до н.э. Они станут прекрасным подарком образовательному или религиозному учреждению».

С помощью посредника и спонсора Игаль Ядин приобрел эти фрагменты и позже раскопал на Мертвом море Кумран и Масаду.

Туда — к границе с Иорданией — мы и направляемся по дороге, бегущей под уклон с упорством идущего на посадку самолета — на дно Афро-Аравийского разлома. Время от времени закладывает уши.

Маале Адумим — белый нарядный городок на горе, на западном склоне которой по минаретам распознается арабский поселок; в Маале Адумим заезжаем, чтобы запастись водой.

Бараньи и козьи стада в Иудейской пустыне близ каких-то — даже не лачуг, а разоренных кибиток из брезента и разломанных ящиков из-под фруктов. Чем здесь питается скотина из-за окна автомобиля не разглядеть: на склонах ни травинки. Баки с водой, вымазанные битумом, виднеются над кибитками мрачными обелисками.

Проносится мимо и вверх черта на скале, выведенная голубой краской: SEA LEVEL — уровень мирового океана. У этой вешки туристам на забаву стоит верблюд в праздничной упряжи. Сюда его привел хозяин — бедуин в белом парадном бурнусе.

Устрашающего вида арабы в джинсах и платках-арафатках голосуют на обочине у строительных площадок: люди пустыни гораздо мускулистей жителей города — субтильных или пузатых.

Проносится поворот к мосту Алленби — мост через Иордан, взорванный в 1946 году и полвека спустя, после заключения мира с Иорданией отстроенный за счет правительства Японии. И перед поворотом к морю пролетает череда придорожных лавок с горшками, нарядные верблюды сторожат туристов у входов.

В Кумране солнце лупит по темени наотмашь, температура здесь на десяток градусов выше, чем в горнем проветриваемом на высотах Иерусалиме. Группа жизнерадостных немецких туристов в майках с надписью «I love Israel» встречает нас на парковке. Разве можно упрекать евреев в неспособности к смирению?

На раскопах установлены изящные шатры-навесы, спасающие от жестокого солнца, но не уберегающие от мелких злобных мух, признака близких стад.

До ближайшей пещеры, где полстолетия назад была сделана едва ли не самая ценная археологическая находка за всю историю цивилизации — библейские рукописи, на тысячелетие отстоящие от древнейшего Масоретского кодекса, — ведет тропа длиною в стадий. Стоит пройти по ней под давящим солнечным столбом, созерцая совершенно инопланетный пейзаж (с высоким иорданским берегом напротив, с которого смотрел Моисей, так и не взошедший из-за запрета Всевышнего в обетованную землю), и по пути подумать простую, но занятную мысль. Где папирусы Александрийской библиотеки? Где тома библиотеки Ивана Грозного? Способен ли кто-нибудь назвать хоть одно столь же значимое текстуальное открытие, кроме загадочной находки «Зогара»? Разумеется, были и библиотеки папирусов, и шумерская клинопись, и т.д. Но они обращены к уже исчезнувшим цивилизациям. В то время как кумранские рукописи суть центральные тексты иудео-христианской цивилизации, которой еще только предстоит войти в зенит.

К югу от Кумрана над берегом Мертвого моря расположена столовая гора, каких много в Аризоне (там они по-испански называются «меса»). На ее почти плоской вершине два тысячелетия назад Ирод Великий выстроил крепость с двумя дворцами, бассейном, зернохранилищем и прочими элементами автономности, столь важными для длительного пребывания посреди пустыни. Крепостью — Масадой на древнееврейском — Ироду воспользоваться не довелось, но в конце антиримского восстания описание осады ее X легионом попало в записи Иосифа Флавия, сдавшегося Веспасиану во время схожей осады Иотапаты. Отряд сикариев — «кинжальщиков», особенно непримиримых партизан, ведших диверсионную деятельность против римлян, — засев в неприступной Масаде, вынудил римлян выстроить аппарель для подвода стенобитных орудий к крепостным стенам. Но когда римляне вошли в крепость, они не встретили сопротивления: сикарии были уже мертвы — предпочли смерть пленению.

С тех пор крепость пустовала полтора десятка веков, и только в 1838 году американские археологи, из оазиса Эйн-Геди наблюдая в подзорную трубу плато Эс-Себех, высказали предположение, что здесь как раз и стояла крепость, о которой писал Иосиф Флавий. Догадку эту подтвердили последующие экспедиции, отыскавшие также шесть стоянок римских лагерей. Масштабные раскопки, проведенные Игалем Ядином в 1960-х годах, а также широкая пропаганда их результатов, — сделали Масаду военным символом современного Израиля.

Пугливые птицы тристрамии (tristamii) — на Масаде, зависают над обрывом и суетятся, беря из рук крошки сэндвича. Бирюзовое лезвие Мертвого моря предлежит далеко внизу у иорданского берега, залитого лавиной солнечного света. Латиноамериканские туристы, набившись в фуникулер, стройно затягивают на спуске красивую христианскую песню, в припеве которой то и дело слышится «аллилуйя».

43.

Кампус музеев напротив Кнессета. Музей Израиля — потоп света из высоченных парадных окон в огромные объемы выставочных залов. На каждом шагу методические экспозиции с познавательными детскими программами. Дети залезают на бронзового, сияющего под их ладошками «Курильщика трубки» — толстенького гнома Ханны Орловой, 1924 год, Париж.

В одном из залов — специально для детей растолковывается, что такое современное искусство; для наглядности к потолку контурно подвешен на леске целый грузовик: никелированные части — выхлопная труба, бампер, зеркала, подножки, катафоты — драгоценно сияют в воздухе, не оторваться.

Царство древностей Музея Израиля вполне выдерживает сравнение с Британским музеем. Ассирийское письмо на глиняной табличке, запечатанной в глиняный же конверт, с клинописью адреса. Арамейский идол — барельеф с головой быка и кинжалом: этот господин был одним из самых упорных врагов евреев, и совершенно понятно, почему черт рогат; IX–VIII в. до н.э.

Пространство музея тоже искусство: бесцельно длящаяся наклонная галерея с черным мраморным полом и матовыми стеклянными стенами, с произрастающим за ними садом;

плюс нестерпимо яркий радужный задник. И когда идешь, и когда оглядываешься — захватывает дух.

Особенный экспонат музея — среди множества иных шедевров — камень Пилата. В 1961 году в Кесарии итальянский археолог Антонио Фрово совершил открытие, в корне изменившее отпечаток в истории, оставленный префектом Иудеи. Что мы знаем из контекста? После допроса Пилат удаляет Иисуса, которого он счел душевнобольным, из Иерусалима в заключение в Кесарии — в городе, выстроенном Иродом на Средиземном море на месте Стратоновой Башни — финикийского портово-купеческого поселения. В I веке до н.э. Ирод Великий решил обзавестись современным портовым городом, и здесь была возведена Кесария с помощью современных римских строительных технологий. Для водоупорного бетона со склонов Везувия привозился пепел, и замешанный на нем раствор заливался в опалубку: так были сооружены гигантские волноломы, образовавшие удобную для причаливания больших судов бухту. Акведук подвел в город воду от источника на горе Кармель. На берегу среди театра, ипподрома, рыночной площади, зернохранилища, конюшен — вознесся храм, посвященный Августу, в честь которого город и был назван.

На большом куске известняка, найденном итальянцами среди развалин кесарийского амфитеатра, высечена надпись:

```
S TIBERIEVM
NTIVS PILATVS
ECTVS IVDAE
E
```

Две средние строчки дают однозначную интерпретацию: Pontius Pilatus, praefectus Iudaeae: «Понтий Пилат, префект Иудеи». Отвлекаясь от вариантов трактовок первой и последней строчки, мы видим, что Тацит был не прав и Пилат был не прокуратором, а префектом. Хрен, конечно, редьки не слаще, но поправка в биографии одной из известнейших фигур мировой истории — событие сенсационное.

44.

Девушка с горчащими медовыми зрачками, в поезде идущем в Нахарию, с блокнотом на коленях и лицом утомленно нездешним, погруженным в раздумчивую литературную реальность. Рядом с ней англичанин, довольно пьяный, ему хочется поговорить. Он — продавец книг из Лондона, с польскими корнями, но ни слова по-польски не разумеющий. Его книжный магазин выдерживает конкуренцию с «Киндл» только потому, что его интерьер был снят в «Ноттинг Хилле», с Хью Грантом и Джулией Робертс. Теперь к нему привозят туристов, среди них особенно много японцев — маленькие люди снуют между стеллажами и этажерками, и специально для них были куплены скамейки-лесенки — чтобы им было сподручней дотягиваться до верхних полок. Туристы покупают книги со штемпелем «Куплено в "Ноттинг Хилл"» и майки с какой-то подходящей символикой. Книгопродавец критикует достижения цивилизации, интернет и мобильную связь, в этом он красноречив, особенно обращаясь к девушке, что-то пишущей в блокноте. Она полячка, год назад переехала в Израиль к бойфренду. Книжник каждые два месяца ездит в Иерусалим из Лондона к матери, которая совершила алию, ибо девочкой гостила у тетки в Израиле и помнит его как сплошное счастье. Девушка — танцовщица и познакомилась со своим бойфрендом на танцевальном фестивале. Сейчас она преподает в польской общеобразовательной школе историю и в школе для детей, отстающих в развитии, — танцевальную терапию. На прощание книгопродавец оставляет ей свой e-mail, ибо он, якобы, глава некоей английской благотворительной организации и мог бы оказаться полезным для доброго дела, которому она служит.

45.

ОЛИВА, СОЛНЦЕ, РОЗА, ВОЗДУХ

I

В этом городе просыпаешься, будто рождаешься
заново. Сон здесь — без примесей
небытие, священный отдых.
Утром зеленым светом занимаются под рукой вещи.
Он выходит на улицу, как лунатик,
не способный реальность отщепить от сна.
Под ним разворачиваются раскопы.
Культурный слой, тучный, как грех Ирода,
раскачивается кротами с прожекторами в лапах.
А вокруг — пахнет то гиацинтом, то розой
или — душно — олеандром, и скоро болит голова.
Зелень качает корнями перед носами кротов влагу.
И путник просыпается в разгаре лета,
в пылающем горниле полдня,
в мозжечке ослепленья, затменья,
на поверхности нового палеозоя.
И рассекает алмазным пробегом
гладь мертвого озера, взлетает над Иорданом.
Что ему вслед ревут мастодонты?
Тысячелетья? Эпохи? Периоды?
В первые мгновенья человек был
не отличим от Бога, и, чтобы
не перепутать, ангелы упросили
Всевышнего наделить человека сном.
И теперь по пробуждении над головой
парашютом вспыхивает утро.

II

Здесь черным стеклом заложены глазницы камня.
Ты проходишь мимо них и всё, что ты видел,
чем жил, над чем работал, скоплено

в этой кристальной черноте, пригодной
только для чернил: что может быть прозрачней слова?
Что еще, кроме слова, способно проникнуть в душу?
Боль? Память? Страх? Смерть? — это всё оболочка.
Лишь слово способно войти и увлечь
за собою наши поступки, нашу возлюбленную — душу —
туда, где этот город обретает плоть.

Там, в пустыне, открывающей зёв за городом,
внезапно встречаешь свои собственные следы —
следы двойника, и тебя пронзает
ужас встретить его. Кто знает,
насколько он тебя ненавидит?.. Здесь
пасутся козы — в залитом зноем ущелье.
Здесь можно утонуть после дождя и очнуться
по ту сторону — со ртом, забитым глиной.
Зимой здесь дыхание стужи вспарывает
ледяным лезвием подбрюшье.
И разверстая туша быка —
единственная печь на всю округу.
Забраться в нее, прижаться к печени,
как к подушке.
Здесь, в пустыне, так просто
встретить себя самого
и услышать: нет.

   III
Внутри Храма — скалы.
Керубы на них крылато
сидят на корточках, зорко
всматриваются в кристальную
сердцевину Храма.
Они неподвижны и насторожены,
готовы повиноваться.

В Тальпиот пахнет
свежевыстиранным бельем.
В садах переливается дрозд.
В тишине женщина
закрывает руками лицо.
Смерть вылизывает ей глаза
теплым шершавым языком.

Далеко за пустыней,
чьи горы парят над востоком,
утопая в наступающей ночи,
в сердце морей — по дну
Мертвого моря
тоскует моя душа —
и, наконец, разглядев ее, керубы,
вдруг снимаются с места.
Их крылья застилают глаза.

IV

Замешательство на Котеле
в Йом Кипур: японская туристка
упала в обморок. Над ней
склоняется медбрат,
его пейсы пружинят,
как елочный серпантин.

Человек, отложив молитвенник,
шаркает и хлопает белыми
пластмассовыми креслами.
Два португальца —
белый и черный —
подвывают, подпирая Стену:
Obregado, Senhor, obregado!
Накрывшись талитом, сосед
тихо напевает слихот

и не выдерживает — плачет.
Лицо взрослого бородатого мужчины,
который сейчас *уйдет и никто
никогда его больше не увидит*, —
мокрое от слез лицо сильнее веры,
боли, муки, абсолютной черноты.

V

Жизнь здесь стоит на краю
Иудейской пустыни,
испытывает искушение
шагнуть в нее, раствориться
в ночном небе.

Красота здесь
вся без остатка
пронизана последним днем
Творения.

У Яффских ворот
пойманный велосипедный вор
выворачивает карманы,
полные ракушек.

VI

Тристрамии над Масадой
зависают над пропастью, беря
из ладоней туристов крошки.
Мертвое море внизу —
лазурный меч,
которым луна
обрезает космы лучей
солнцу.

В этой небольшой стране —
размером с тело Адама —
от руки до руки
меняется время года.

Керубы снова
всматриваются в меня
и видят, как пятно
солнечного света
расползается, исчезает.

VII
Ночью две фигуры под столбом
читают сны из молитв
для молодого месяца;
дрожат от холода и приплясывают.

Белый теплый камень домов под луной
кажется телом призрака.
Мальчик засыпает внутри
камня и видит сон моллюска, сон
крупинки известняка.

VIII
Незримые сады
на подступах к Храму.
В Армянском квартале
тарахтит мопед.
В садах за высоким забором,
в листве, на ветвях и в кронах,
спят воины последней битвы.

Под Западной Стеной
среди ног молящихся
бродит горлица,

тоскует горлом —
зовет и зовет,
а кого — не знает.

Лохматый пес умирает на пустыре.
Солнце жарит так, что даже мухи
над ним обжигаются о воздух.
Над псом понемногу вырастает клещевина.

    IX
В этом городе в полдень
солнце прячется в глазной
хрусталик.

В этом городе смерть
олива солнце роза воздух
однокоренные слова.
Я перекатываю на языке
корень слова «закат», в раздумье.

Солнце падает за карнизы,
и в город вглядывается пустыня.
Куст пахнет мускусной лисой,
вдали хохочут сквозь слезы шакалы.

В пустыне Давид настигает Авшалома,
прижимает к себе, и оба плачут.
Иаков поправляет под головой камень.

    X
Днем солнцепек
затопляет пламенем вади[6],
склоны текут в мареве,
в нем движешься, переливаясь.

---

6   Вади — арабское название сухих русел рек и речных долин временных или периодических водных потоков (заполняемых, например, во время сильных ливней).

Овцы щиплют колючку.
На плечи прыгают вспугнутые акриды.
Вот пастух-бедуин в сандалиях
из свитков Кумрана.

Учитель Святости пишет
и пишет и пишет
мне письмо, я прочту
его перед тем,
как спущусь на дно, в сердцевину
Афро-Аравийского разлома.

XI
Улицы Тальпиота благоухают
теплой ласковой пылью.
Луна за мною движется на поводке,
и ночь распускает свой синий парус.
Я встаю на цыпочки и ножом распарываю парус.
За ним сидят керубы, я слышу
их затаившееся дыханье.
О, этот стремительный полет!

Рассвет тлеет в золе пустыни.
Прозрачный гигант
спускается спать к Иордану.
С моря поднимается ветерок
и трогает солью губы.

XII
Олива солнце роза воздух
пыль горлица глоток и камень
ребро и ярус мрак ступень волна
хрусталик сон глубокий лик.

Одетая во всё черное
молодая женщина
спускается из Храма.
Она идет в незримый сад,
но медлит, как будто что-то позабыв
или услышав оклик.
Оглянувшись, она всматривается
в мокрое от слез лицо мужчины и
остается стоять на ступенях.

46.

Социологи изучили проблему жестокости в тех или других обществах и пришли к выводу, что чем ближе социум к скотоводческому племенному строю, тем он более жестокий. Это касается и шотландцев, и северных ирландцев — из горных районов, и сицилийцев, и других, сохраняющих такие привычки, как кровная месть, например.

Причин для этого много. Например, если ты в горах на альпийском лугу встретил незнакомца, то он, скорее всего, не турист, а тот, кто пришел угнать твое стадо и обречь твой род на голодную смерть.

В Тегеране кяфира Грибоедова убили ударами сабли в грудь, а мальчишка, подмастерье кузнеца, кривым ножом ловко полоснул ему горло, встал ногой между лопаток, и шейные позвонки с хрустом отпустили голову с плеч. Затем Грибоедову выбили передние зубы, молоток вбил стекло пенсне в опустевшую глазницу, голову надели на шест и, потрясая им, двинулись по улицам. Важный кяфир, не встававший в присутствии шаха, был причиной войн, бедности, унижения общинных старцев и неурожая. Шутовская его голова плыла теперь над Тегераном и скалилась выбитыми зубами. Мальчишки швыряли в нее камни, и глупый стук раздавался при попадании. Здесь же в толпе несли руку Грибоедова с перстнем, и в его треуголке шел подмастерье кузнеца. Тело поэта и дипломата, привязанное вместе со стаей дохлых кошек и собак к шесту, тащили вслед за головой. Три дня с утра до вечера волочили почернелое ссохшееся тело русского посланника по столице. На четвертый день его бросили в выгребную яму. Голову выкинули раньше.

На берегу реки Арпа на выбор баранина или мелкая речная форель, зажаренная во фритюре; отдых в тени густой ниспадающей ивы, волнообразный стрекот кузнечиков и цоканье цикад, и редко — звук проносящегося автомобиля. Правый приток Арпа — Гергер, яростно мчащийся под уклон с плеча перевала, на котором в 1829 году русская литература отдала дань памяти Грибоедову: Пушкин здесь встретился с повозкой, которая везла тело автора «Горя от ума» из Тегерана.

Неадаптированная «Тысяча и одна ночь» полна оскопленных мошонок, начиненных рахат-лукумом и орехами, выпущенных перламутровых кишок и дрожащего ливера, отрубленных конечностей и отравленного шербета. Детишки моего детства на Апшеронском полуострове, обделенные Микки-Маусом, почитали за развлечение отрывание воробьям голов и потрошение скотины. С малых лет они умели взять нож и спустить барану кровь через глотку, затем сделать разрез от основания грудной клетки до нижней челюсти, обнажив пищевод и бледную гофру трахеи. Им нравился солоноватый душный запах свежатины. Далее: вспороть барану брюхо, аккуратно, чтобы не задеть кишки или желудок. Бережно вынуть внутренности, отложить печень, почки, легкие. Баран тряско колыхается всей свалявшейся грязной коричневой шкурой, густой настолько, что для того, чтобы у такого прощупать жир, требуется сноровка. Только что зарезанный баран начинает бежать, сначала дергаются задние ноги, затем с необыкновенной мерностью спазмы охватывают его всего, и скоро он с уже остановившимися глазами затихает; кровь намочила землю, под ним прочерчены копытами по грязи аккуратные бороздки-дуги.

В чем причина жестокости? Мрачные казни демонстрируют одно: степень репрессивности сознания — как властителей, так и подданных. Свободный правитель не способен к страшным расправам. Жестокость есть следствие страха, вымещения его хтонической энергии на другом.

Так откуда страх? А что должна испытать беременная женщина, которую отец ее ребенка изгнал в пустыню? Какое главное чувство в палитре эмоций, доступных человеку, должен испытывать сын женщины, родившей его в сердце пустоши, на грани смерти? Что, кроме мести, способно увлечь за собой помыслы Ишмаэля? Как понять ему, что на обиде нельзя выстроить мир? За прошедшие тысячелетия Ишмаэль не приобрел ни толики самосознания, не стал больше самого себя, больше своей обиды и своей мести... Как жить в пустыне, в степи, где ничего, кроме горизонта, травы, песка; где нет женщин? Пустыня превращает мужчину в нелюбимого ребенка. Мужчины становятся подростками — из-за скудости развлечений. Подростки используют, чтобы позабавить себя, всё подручное: камни, насекомых, птиц, свои души и тела, ящериц-калек, усаженных в банку бойцовых скорпионов, ненависть, ярость... Отсутствие женщин рождает бессердечность, ад подменяется раем и населяет его фантомами мастурбации. Детские шалости оборачиваются делом жизни. Подростковая безжалостность искажает нравственность взрослого мира, делает его ненастоящим. Удаленность от жизни позволяет быть к ней безразличным, желать ее уничтожения.

У многих навсегда останутся в памяти окровавленные руки палестинца, засунувшего их во внутренности двух израильских резервистов, растерзанных на части. Эти алые руки уже в истории фотографии. И не забудем, как Саддам, принимая военный парад, стрелял из винтовки и призывал создать из паломников миллионную армию и вместо хаджа направить их на Иерусалим.

Каддафи линчевали, пристрелили, но не пленили, а когда убили — не похоронили, хоть по закону хоронить надо в тот же день, ибо мертвец есть воплощение смерти, а та — оплот нечистоты. И вместо того, чтобы, как и положено тирану, уподобившемуся фараону, улечься в мавзолее подле подушек с орденами, Каддафи оказался распластан в холодильнике супермаркета. К нему выстроилась толпа, желавшая сфотографироваться вместе с поверженным титаном. В этом есть древняя магия — поедание печени и сердца врага и прочие манипуляции над телом страха: надругательство каким-то образом должно придать живучести и силы победителю.

Следовательно, народ воевал против своего собственного страха. Если бы труп исчез, он легко ускользнул бы в мифическую область, где остался бы владеть страхом сознания. Грибоедов внушал ужас самому шаху, и тем сильней следовало народу помучить тело русского посланника. То же и с Каддафи: его тело — тело народного страха — должно было войти в повседневный карнавальный обиход, чтобы погасить ужас.

47.

Герой романа Агнона «Вчера-позавчера» Ицхак красил однажды дом в Бухарском квартале Иерусалима. К нему подошла бродячая собака, и он, забавы ради, написал на ее спине малярной кистью «сумасшедшая собака». Келев — справа налево — Балак: собака на иврите. Вышло так, что Ицхак вывел на спине Балака буквы последней участи — своей и его. Поименованный пес побежал в свой квартал Меа-Шеарим. Здесь Балак до смерти напугал всех жителей. Завидев его, они прятались или разбегались. Пошел тогда пес на восток — к Угловым воротам. Затем поднялся к домам Витенберга. Потом вошел в Варшавский квартал. И направился к домам Уренштейна. Оттуда — к скалам неподалеку от Бухарского квартала. Везде, где жили люди, способные прочитать на его спине, что он — бешеная собака, он оставался голодным и битым. Тогда он вернулся в Меа-Шеарим. Дома здесь стояли запертыми, на улице ни души. Испугался Балак чего-то и кинулся прочь. Из Меа-Шеарим — к домам Натана, из домов Натана — в Венгерский квартал, из Венгерского квартала — к домам Зибенбергена, из домов Зибенбергена — к Шхемским воротам. Наконец он попал во двор выкреста в Нахалат-Шиве. Оттуда помчал к Яффским воротам, вошел в Старый город и направился к Верхнему рынку, а оттуда — к овощному рынку, расположенному близ Еврейской улицы. С овощного рынка пес пошел на рынок Аладдина, затем забрел на Цепную улицу. Отсюда перебрался на Мидийский рынок, а с него — к Батей Махасе.

Наконец Балак поселился среди неевреев — греков, армян, сирийцев, маронитов, коптов и эфиопов, словом, среди тех, кто не способен был прочитать на его спине, что он смертельно опасен. Пожил Балак и среди францисканцев, пресвитерианцев и лютеран.

Затем пришла в голову Балака идея выкупаться и смыть с себя грязь и коросту. Он выбирал между турецкими банями у Львиных ворот, у Западной стены и близ прудов Хизкияẖу; между миквой[7] в синагоге Нисая напротив домов караимов и холодной миквой выходцев из Магриба; между миквой хабадников и миквой во дворе некой агуны…

Путь Балака — это особая мистическая тропа, проложенная мощным повествованием Агнона в пространстве Иерусалима. Он — символ, не поддающийся исчерпывающему толкованию, но провоцирующий понимание в ауре тайны. Несчастный пес — жертва безответности и несвободы, жертва злосчастной выходки не слишком счастливого героя. В конце концов сущность, порожденная героем, обращается к хозяину своих бед, который мог бы избавить ее от проклятия, стерев или закрасив надпись. И Ицхак не пугается пса, так как узнает его по буквам на спине. Он единственный еврей — во

---

7 Ми́ква — водный резервуар для омовения с целью очищения от ритуальной нечистоты.

всем городе, который не испугался пса, ибо узнал дело рук своих. Но пес уже болен — имя его обрело смысл, стало сущностью, породило бешеного Балака. И тогда страждущий пес кусает Ицхака, обрекая его на странное возмездие: мученическую смерть от бешенства-водобоязни. Балак подбегает к нему и с вожделением вонзает зубы в его плоть, ибо представляется в его спятившей голове, что кровь, пущенная им из Ицхака, вызовет дождь и утолит жажду пустыни.

Большинство современников Агнона восприняли образ Балака в основном как символ разрозненности Иерусалима. Постоянные ссоры между общинами не способствовали доброжелательной атмосфере в городе, находившемся посреди враждебного арабского окружения.

Сейчас образ Балака воспринимается более философски: он говорит об ответственности при работе со словом-именем, с порождаемыми творческими усилиями живыми объектами. К тому же есть такая интерпретация слова "келев": "коль лев", полное сердце. Как это правильно в отношении к собаке: исполненная сердца.

Мне же в образе Балака видится еще и некий ключ к пространству Иерусалима. Траектория его блужданий, вероятно, могла бы дать многое для понимания внутренней сущности этого города, но сохранившаяся до сих пор принципиальная герметичность тех районов, где блуждал Балак, не позволяет осуществить подступ к этой тайне человеку, не укорененному в жизнь города. Чтобы хоть как-то понять происходящее, например, в Бухарском квартале, необходимо погрузиться в повседневное бытование этой отстраненной от действительности местности. Данная задача невыполнима для стороннего наблюдателя.

48.

Иерусалим был основан иевусеями у источника Гихон — пульсирующего водного ключа, с равной периодичностью выбрасывавшего свои воды к поверхности («гихон» — прорыв). Сейчас источник не бурлит, видимо, сказались сдвиги водоносных пластов, вызванные многотысячелетним строительством. Иерушалем иевусеев, чей царь Малки-Цедек — Мельхиседек, царь Шалема, некогда стал другом праотца Авраама, — не сразу был завоеван Давидом. Когда тому понадобилось централизовать управление израильскими коленами, он не смог найти лучшего места для столицы, чем Город Заката, располагавшийся на неприступном укрепленном холме на границе колен Иегуды и Беньямина. Воины Давида прорвали осаду, проникнув внутрь крепости именно через водные коммуникации Гихона. Скоро ступенчатые укрепления крепостного холма были увенчаны царским дворцом. Отсюда псалмопевец увидал Бат-Шеву, купавшуюся в бассейне дома одного из его военачальников, выстроенном на нижних ярусах дворцового комплекса. Здесь был сочинен покаянный псалом. Здесь находятся туннелеобразные гробницы царской династии. Перед смертью Давида его сын Шломо был помазан на царство у вод Гихона, куда его привезли на осле. Вскоре Шломо завершил строительство Первого Храма на указанном отцом месте — на горе Мория, метрах в четырехстах от царского дворца. Крепостные стены тогда охватили Город Заката, ставший Городом Давида, и Храм — спустя пять столетий оба были разрушены вавилонянами.

У подножия Ир Давид — Города Давида — находится Силоамская купель, — с омовения в ней начиналось восхождение паломников на Храмовую гору. К Храму отсюда вела широкая ступенчатая улица, раскопанная совсем недавно — и не целиком, ибо местность теперь принадлежит арабским землевладельцам из поселка Силуан, безразличным к еврейской истории. Узкий укрепленный ход, прорезающий культурные пласты, в потемках ведет к музейному комплексу. Здесь любители клаустрофобических ощущений могут продолжить изыскания и погрузиться в туннель царя Езекии —

славного представителя дома Давидова. В VIII столетии до н.э. Езекия — Хизкиягу — в ожидании ассирийской осады велел прорубить в скале новый тоннель, чтобы перенаправить воды Гихона и сделать источник еще более неуязвимым для неприятеля. Тоннель длинной более шестисот метров проходит в толще известняка замысловатым путем. Скорее всего, его прорубали, следуя траектории воды, естественным образом сочившейся в камне. В тоннеле был найден камень с надписью, из которой ясно, что камнеломы шли навстречу друг другу. Уровень воды в акведуке сейчас достигает бедер, а использование свечей в нем запрещено. Вы идете сквозь скальную породу на глубине нескольких десятков метров и понимаете, что эта вода — первопричина жизни, некогда возникшей в иерусалимских горах.

Пророки предсказывали, что с приходом мессии восстановление Храма начнется с возрождения Города Давида. По большому счету, с точки зрения археологии, Ир Давид самое интересное — самое древнее, подлинное и важное, что только можно сейчас отыскать в Иерусалиме. Чтобы попасть сюда, проще всего от Западной Стены спуститься к Мусорным воротам и, взяв левее, свернуть направо в первую же уличку — прочь от туристической толчеи. Грязь здесь начинается несусветная, и это признак верного направления. Захламленные тротуары говорят о том, что арабы не способны оставаться в пределах своих домовладений и норовят экспроприировать под свои нужды любой прилегающий клочок. Вот мастерская по ремонту холодильников перекипает из двора на панель ржавыми корпусами допотопных ледников, мотками проволоки и толпой черных бочонков компрессоров. Хозяин мастерской остановил пикап и разгружает покупки со старшей женой. Множество детишек, в основном девочки, выглядывают из калитки вместе со второй благоверной, которая выходит, чтобы прибрать вывалившуюся из кучи хлама железяку.

Я здороваюсь с девочками, они кричат «салям! салям!», и суровая женщина, обернувшись, удостаивает меня улыбкой.

Бассейн Шилоах — Силоамская купель — островок порядка посреди разгрома и нахалстроя. После краткого осмотра захожу в кебабную неподалеку. Залежалые салаты, холодный фалафель; беру хумус, вкусный в Иерусалиме всегда и везде, и прекрасный люля со стаканом гранатового сока. Один из двух сыновей хозяина — парнишка, страдающий синдромом Дауна, тучный, с бельмом на правом глазу — берется помогать долговязому брату убирать со стола, но тот его ласково отстраняет; отец их услужлив и немногословен. Вдруг хозяин вытаскивает из кладовки ветхую китайскую ширму, устанавливает передо мной и становится за ней на колени. Скоро раздается запах канализации: хозяин, паллиативно оберегая аппетит клиента, прочищает засор. Я спешу расплатиться.

49.

Сосновый лес на горе Герцля. Сгущаются сумерки. Переговаривающиеся по-русски старухи бредут по тропе к военному кладбищу, к могилам Герцля и Жаботинского, к мемориалу Яд ва-Шем. Они рассказывают друг другу, как прошел день, на какие продукты были скидки в супермаркете. Я обгоняю их и поднимаюсь вверх по тропе, немного скользкой от обилия хвои. Дальше сосны, тишина, полумрак. Невдалеке от тропы стоит небольшой мемориал из белоснежного мрамора.

Это памятник последним в роду: тем, кто выжил в Катастрофе и погиб в боях за независимость Израиля, не оставив по себе потомства.

Полый мраморный клин, глубоко, как колодец, погруженный в землю. На дне — горстка хвои.

Не передать словами ошеломляющее впечатление от этого взгляда в белокаменную пропасть.

Укрытая лесом тропа, вдоль которой стенды с фотографиями, отражающими этапы становления израильской государственности. У одного вдруг раздается из динамика строгий голос Бен Гуриона, зачитывающего в ООН заявление о создании государства Израиль.

Когда иду обратно, над Иерусалимом висит полная луна. Спускаюсь по длиннющей улице Герцля, пересекаю проспект Бегина, миную музейный и университетский кампусы. Кругом безлюдье, горная высота, и в провалах за обрывами, и за кронами сосен — огненная икра окон. Построенные у парадных и на балконах кущи уютно светятся, как китайские бумажные фонари. Слева показывается суровый Кнессет и здания министерств.

Во всем городе на улицах ни души.

Луна разливает над Иерусалимом тайну.

50.

Изабелла Штайнбахер, красивая, сдержанно-страстная ученица великого Иври Гитлиса, исполняет Первый концерт Мендельсона на сцене концертного зала Тель-авивского университета. Музыка — бессловесное искусство — полна смыслов, предельно близких к тайне времени. Вот отчего иногда после прослушивания музыкального произведения кажется, что прошла еще одна жизнь.

После концерта прогулка по набережной. Синие чехлы яхт на марине, чернильное на закате море и позвякивание снастей — блоков и кронштейнов в мачтовом лесу. Солнце еще тлеет над горизонтом. Прибойная волна под тупым углом отражается от набережной и схлестывается со встречным фронтом. Амплитуды складываются, поднимаются буруны; такие — без выделенного направления — волны особенно опасны для мореплавания, ибо бьют и в борт, и в корму, и по курсу. В Каспийском море, к северу от Апшерона, есть такой котел, где нагон хачмасского норда сталкивается с фронтом ветров из туркменской пустыни. Это место моряки обходят стороной много веков.

На следующее утро снова море. Голуби и горлицы в огромном недостроенном портовом ангаре в Яффо. Пух, перья, помет, воркование над синим-синим морем. Тень от каменного сарая — форпоста боевых действий 1948 года. Сильный свет заливает пляж, линия горизонта безупречна, ни толики дымки над ней. Человек, лучше всех в мире рисовавший море, — одесский художник Юрий Егоров. Всё, что сейчас видит глаз, будто сошло с его картин. Синие тени, серебряное море и ослепительные камни парапета.

51.

Когда я впервые оказался на Манхэттене, мне было назначено свидание на смотровой площадке Эмпайр Стейт Билдинг. Мне объяснили, как добраться: выйди из метро на 34-ю улицу и двигайся по направлению к самому высокому зданию, которое увидишь неподалеку. Так я и сделал, вышел из метро в одно из ущелий Манхэттена, но выбрать среди громоздившихся впереди зданий-утесов самое высокое не смог: в это утро над городом проползало низкое облако, скрывавшее всё, что выше тридцатого этажа. Так я промахнулся и потом долго удивлял прохожих вопросом: «Где здесь самое высокое здание в городе?» Артур Хармон, принимавший участие в создании этого шедевра арт-деко, два года спустя после его открытия выстроил в Иерусалиме здание YMCA — впечатляющий сплав мотивов того же арт-деко и мавриганского стиля. Мимо этого здания тоже трудно пройти: озаглавленное некой помесью колокольни и минарета, раскинутое вширь волнами невысоких куполов, оно все равно напоминает то, что напоминают здания израильского баухауса, — корабль.

Палубные продолговато округлые балконы, уступчатая планировка этажей, окна-иллюминаторы, башенные сопряжения уровней, с завинчивающейся наутиловой спиралью лестницей, по которой так и хочется сигануть полундрой... Особенно многочисленны дома-пароходы в Тель-Авиве, но и в Иерусалиме хватает полукруглых многопалубных балконов. Иммигранты, прибывавшие в Палестину в 1930-х годах из Германии и ограниченные в вывозе денежных сбережений, везли с собой строительные материалы, благо морская перевозка позволяла не церемониться с весом и объемом багажа. И сейчас знатоки баухауса укажут вам на особенные деревянные жалюзи европейского довоенного производства и на керамическую плитку с примечательным модернистским рисунком, завезенную из-за моря, в домах постройки 1930-х неподалеку от Дизенгофф-центра.

Интерес представляет дом Вейцмана, возведенный на окраине Реховота Эрихом Мендельсоном. Тоже похожий на небольшой пароход и внутри, и снаружи (рубка-башня, палубный бассейн, низкопотолочные комнаты-каюты и холл в виде кают-компании) дом уютно утопает в зарослях плюща и бугенвилии. Резиденция была выстроена в не слишком благополучное время, когда в Палестине царили погромы и притеснения. Вейцман прожил в новом доме всего десять дней. Благодаря увещеваниям жены — суровой Веры Кацман — он предпочел военное десятилетие провести в Лондоне. Этот поступок был удостоен порицания будущего нобелевского лауреата — Шмуэля Агнона в его повести «Идо и Эйнам».

Холмы, вид на которые открывается неподалеку от дома Вейцмана, чуть лиловые, полные густой глянцевой листвы апельсиновых плантаций, длятся волнами.

52.

Камни мостовой затерты до блеска и во второй половине дня при подъеме отражают низкое солнце. Речной загар сильней морского. На реке, сияющей отраженным от ее глади солнцем, тело поджаривается с двух сторон…

После нескольких часов ходьбы под солнцем натруженный блеском зрачок теряет бдительность. Наткнувшись на краю палисадника на ежа агавы, рискуешь превратиться в св. Себастьяна.

Бродя по Иерусалиму, понемногу слепнешь от солнца и смотришь на все вприщур. И однажды эта новоприобретенная слепота вдруг позволила понять смысл приема, который в своем цикле «Цветы запоздалые» использовал художник Некод Зингер. Картины этого цикла показывают городские сцены у иерусалимских цветочных магазинов. Работы резко контрастны: белый цвет соседствует с пышноцветными красками букетов и — негативным изображением части мизансцены.

Это сочетание ошеломляет тем более, что механизм впечатления тяжело различить. Белый цвет, совмещенный с черным, есть символ ослепляющего затмения. Увенчанные пронзительной яркостью, эти слепящие картины смущают зрение. Ибо в них отражена изобразительная выразительность Иерусалима, обусловленная не только его особенным светом, но и его метафизической сутью — прозрачного города. Иерусалим кристально двоится между дольней и горней своими ипостасями. Между тем, что мы видим сейчас на улицах, и тем, что зримо скрывается и проступает под культурными слоями…

Картины Зингера погружают зрителя в иное чтение — в не-зрение, быть может, в чтения самую суть, где вот-вот должен прозреть росток воображения. Это очень важный момент — предосуществленности видения. «Цветы» сосредоточены на сердцевине метафизики — на области обитания души после смерти, на знаке ослепления, затмения, на способе изобразить солнечный свет в беспримесном виде, отдельным от здешнего мира, то есть на изображении неизображаемого.

Отброшенные в негатив Иного, лица видятся как сквозь толщу забытья, сквозь вечность; именно так и должна душа видеть оставленный мир. И только исполненные в цвете цветы (цвета!) и некоторые другие объекты, которые следует разобрать с тщательностью Линнея, суть предметы неявно предъявленного нездешнего мира.

Но не будем настаивать на «загробности», ибо здравый смысл велит потусторонности не совпасть с воображением, остаться неподатливой вычислимости. Захороненное большинство, из которого никто никогда не подал весточки, огромным молчанием подтвердит его, смысла, справедливость.

Тем более, согласно «Путешествию в Армению» Мандельштама, цвет есть «чувство старта, окрашенное дистанцией и заключенное в объем».

В самом деле, интуиция указывает: цветы в белесом, раскаленном свете Иерусалима суть еще и форма начала, воли.

Что есть одно из наиболее трудно изображаемых сущностей на свете? Правильно, прозрачность.

Негатив — не вполне негатив, ибо, будучи проявлен, не даст реальности, но даст Другое.

Однако это Другое нам неведомо и вряд ли необходимо для чего-то, кроме того, чтобы решить: перед нами не реальность, а ее, реальности, сдвиг.

Из цветов выглядывает возлюбленная смерть.

Из цветов сложен автопортрет художника.

Мальчик при внимательном рассмотрении оказывается карликом, или взрослым, выпавшим из перспективы.

Равнины и валы белизны.

Размолотая перспектива, букет перспектив, переложенных, как папиросной бумагой, засвеченными потемками.

Страдающие мадонны среди цветов.

Подлинное состоит из цветов, из эроса.

Всё подлинное незримо.

Автор составлен из цветов.

Автор реален.

Реальны цветочные магазины их адреса, реальны тени их владельцев.

Реальны прямые цитаты: Гуго Ван дер Гус, Николас ван Верендаль, Якопо Лигоцци. Реальна портретная аллюзия на Джузеппе Арчимбольдо.

Как бы выглядел глоссарий человеческих характеров, приведенный в соответствие с цветами? Ведь в мультфильмах действуют очеловеченные животные. Как бы выглядела цивилизация, для которой было бы более естественно употреблять анимационные фильмы с очеловеченными цветами?

Цветы всегда — по преимуществу женские. Наиболее мужеские из известных мне — тюльпаны. Ночью, вечером и утром они сомкнуты, днем разверсты. Ночью, вечером и утром тюльпаны пронзают, оплодотворяя, стратосферу. Природный — эндемичный каменистым сухим склонам Апшерона — тюльпан Эйхлера (Tulipa Eichleri) — алый с ослепительно черным зеркалом: персидский аленький цветочек, за луковичку которого в Голландии в XVII веке могли расплатиться каретой с лошадьми, еще не старыми. Тюльпан Зингера — призрачно-розовый, с белыми подпалинами, похожий я привез из Крыма; держу пари, что Tulipa Singeri есть результат отбора, произведение искусства. Подскажут ли ботаники — какова палитра естественных тюльпанов? Как бы то ни было, но тюльпаны эти поданы, а не выращены. Поданы и все прочие, развязные, как Ирадиада, орхидеи, лилии, все они танцуют и требуют оплодотворения.

Цветы в Иерусалиме оказываются единственными носителями ярких красок. Всё остальное — негатив: белое солнце, смешанное с углем выжженных палочек, колбочек, нервов. Даже закрывая глаза, засвеченные иерусалимским солнцем, вы продолжаете видеть то последнее, что вы видели, причем в палитре, очень похожей на ту, которую использует Зингер. Таким образом, цветы — видения закрытых глаз. Они есть —

и их нет, потому что вы закрыли глаза; цветы существуют по обе стороны реальности, как и полагается желанию…

Иерусалимский свет таков, что, вдруг снова воспламеняя сетчатку, заставляет вскочить среди ночи от ужаса, точней от мысли, что те мелкие белые цветы пахучих кустарников, те камни, которые ты трогал сегодня, бродя над раскопками к юго-западу от Храмовой горы, — раскалены смыслом до прозрачности.

Негатив провоцирует стремление узнать неузнаваемое — и ошибиться. В этом смысле «Цветы запоздалые» Зингера являются строгой метафорой невидимого. Вот каково художнику жить в этом городе. Что может быть увлекательнее, фантастичнее, чем жить в стенах, которые не только стены, ходить по улицам, которые не только улицы, видеть цветы, которые не только цветы.

Что может быть занимательнее, чем понимание: ты есть не только то, что есть ты.

Но эрос — автор — есть только автор.

Потому что всё может двоиться и быть прозрачным, но только не творящее желание и воля.

53.

В городе осенью много поют — в синагогах и сукках, на детских площадках и под гитару на балконе. Чаще всего из окон доносятся Сюзан Вега, Регина Спектр, классическая музыка или элегический рояль хозяйки.

После исхода субботы на улице Гиллель шумит толпа студентов, с барабанами и мегафонами. Дружно и не развязно они протестуют против того же, против чего протестуют через Атлантику на Уолл-стрит. Хорошие юные лица в толпе и подъемное настроение делают протест неотличимым от праздничного шествия. Отсюда, из Израиля, эта акция на Уолл-стрит кажется именно что проеврейской. Ибо недавно я был в кибуце близ иорданской границы, где несколько дней с удивлением наблюдал образ жизни с мощным социалистическим уклоном; вероятно, это атавизм; вероятно, я слишком впечатлителен; но я еще нигде не видел, кроме как в советских фильмах о покорении целины, такого уклада жизни. После этого мне ясно стало, какого типа люди второй месяц обитают в палаточном лагере иерусалимского Сквера Независимости. Жизнь таки действительно стала дорога. И провал между бедностью и богатством принял международный катастрофический статус. Я не уверен, что протест должен быть воинственным. Но его сигнальная функция незаменима.

Кибуцы своим рождением отчасти обязаны толстовцам: А.Д. Гордон, поклонник идей великого графа, считал, что именно возделывание палестинских пустошей дает евреям право на Землю Обетованную. Терний быта кибуцники преодолевали множество: жили в палатках, приличная обувь была не у каждого, вилки и ножи считались редкостью, рубахи кроили из холщовых мешков; но основной проблемой было почти осадное положение посреди арабского враждебного окружения: первые кибуцы строились по принципу «стены и башни» — сторожевой вышки и ограды с колючей проволокой. До 1970-х годов в большинстве кибуцев дети воспитывались в макаренковских коммунах-интернатах. Конец этому положил женский «бунт»: женщины, сами выросшие в интернатах, пожелали стать домохозяйками и потребовали вернуть детей в семью. При этом в кибуцах бесплатным было почти всё: жилье, коммунальные услуги, питание, бассейн и спортзал; за границу и на отдых ездили по графику задаром; на кибуцных складах выдавались мебель, утварь, одежда, сигареты. Но законы рынка наконец внесли коррективы, и отход от коммунистических идеалов стал залогом экономического прогресса. Исчезли уравниловка и трудовое равноправие, бытовые услуги стали платными. Кибуцы стали индустриализироваться; находящиеся вблизи крупных городов строили на своих землях торговые центры и другую недвижимость; сейчас некоторые кибуцы, владеющие успешными предприятиями, размещают их акции на бирже, а кибуцники становятся акционерами, то есть совладельцами, публичных компаний. Стать членом такого богатого кибуца очень непросто.

Кибуц Митцпе Шалем владеет производством косметики из минеральных даров Мертвого моря, SPA на его берегу и туристической базой Метцуке Драгот, находящейся в преддверии Иудейской пустыни. С трех обрывистых сторон ее территории открываются грандиозные виды на Мертвое море и Иорданию и на завораживающий, прорезанный тенями и руслами вади ландшафт, в котором сорок дней зависал [пропадал] основатель христианства.

Социалистические привычки обитателей кибуца очевидны: сонмы детей, компании из нескольких семей, непременное барбекю, массовые ночевки в шатрах на карематах с видом на бездонную звездную пустыню; песни под гитару, групповое преодоление каньона Вади Дарга.

Между домиками высится холм бомбоубежища, увенчанный скульптурой купальщицы. А московская мобильная связь то и дело шлет приветствия с прибытием в Иорданию.

Утром грязевые и серные ванны, после которых припахиваешь илом, будто выкупался в лесном торфяном озерце. Над Мертвым морем нынче висит густая дымка хамсина, скрывающая противоположный берег; так что оно теперь особенно кажется Солярисом. Из тумана накатывают таинственные тяжеловесные волны.

Русский турист, энергично заходя в Мертвое море, произносит скороговоркой:

— Ну, это единственный водоем в мире, в котором я могу расслабиться насчет рыбы.

Движение на юг — мимо пещеры жены Лота, мимо химических предприятий у Содома — приводит в плоскую пустыню Негев. Здесь вдоль Пути благовоний — из Южной Аравии в Средиземноморье — открываются древние набатейские города: Мамшит, Овдат, Шивта. Города эти пережили Набатейское царство, но не пережили арабского вторжения. Формировались они вместе с караван-сараями, обслуживающими товарный путь, по которому везли пряности и благовония. Залогом благополучия в пустыне всегда считалось умение добывать воду. Накопительные цистерны и ниточки акведуков, хитроумно собирающих воду с лица пустыни, — непременный атрибут любого поселения. Умение конструировать акведуки, исходя из наблюдений за террасным водосбором, — почти мистическое.

В Мамшите примечательна церковь св. Нилуса, IV век. Сохранившаяся мозаика под колоннадой изображает куропаток. Отсюда видно, как живописное неглубокое вади опоясывает городскую окраину.

В Мамшите в порах рыхлого известняка земляные шершни устраивают гнезда. Песчанки стремглав перебегают дорогу.

После нашествия арабов люди перестали населять эти места, и только двенадцать веков спустя англичане выстроили близ развалин полицейский участок. Объезжая окрестности на верблюдах, британцы присматривали и за бедовыми бедуинами, и за евреями, которые искали в округе места для поселений.

Здесь вел раскопки Лоуренс Аравийский. И здесь в 1966 году была совершена важная археологическая находка — медный кувшин с десятью с лишком тысяч серебряных тетрадрахм, что по римским меркам составляло годовой бюджет управления южными провинциями. Комната была засыпана в III или IV веке при землетрясении, видимо, поэтому клад сохранился. Это самая крупная находка, сделанная в Израиле, и вторая в мире после сокровищ Тутанхамона.

54.

На Масаде панорамное окно залито молоком хамсина. Внизу кратеры эоловой работы. Всюду чудятся сфинксы — покатые грудастые холмы с зазубренными боками.

Неподалеку — в Эйн-Геди сторожила и не уберегла свой виноградник героиня «Песни Песней». Где-то там же Давид прятался в пещере от Саула и сочинил защитный псалом — стих, который как минимум несколько раз в жизни повторяет треть человечества.

Я вхожу в вагончик фуникулера, отправляющегося на вершину Масады, и слышу финал разговора двух пожилых дам:

— Yeah, it's a sad story.

— Well, most of the stories are sad.[8]

На следующий день дымка над морем рассеивается и таинственно проявляется противоположный берег.

55.

В парке Сакера поводыри-добровольцы выгуливают быстрым шагом слепцов. Поводки поначалу принимаешь за наручники. Такая физкультура.

После заката в кустах сопят дикобразы.

Ежи в палисаднике гоняют от кормушки кота, и он приходит ко мне плакаться. Отсыпаю ему корма в другую посудину. Сегодня пришли аж три ежа, и кот в отчаянии разрыдался. Я его накормил и успел щелкнуть двух ежат, третий заробел и отполз восвояси.

56.

На Агроне военные полицейские на мотоцикле с красными номерами и при полной боевой выкладке остановили и потрошат подозрительную машину.

---

8   Это печальная история. — Что ж, большинство историй печальны *(англ.)*.

Две красивые арабки в торговых рядах замерли перед вышитым шелковым ковриком: море и яхта; взгляд Ассоли.

Прилипчивые торговцы: сами сбрасывают цену вдвое, хотя их не просили, и тут же посылают вслед проклятия, если не берешь товар.

Молодой араб ласково говорит по-русски. Хитро улыбается и, торгуясь, повторяет часто: «можьно».

У Львиных ворот узенькие тракторы с прицепом собирают мусор. Таксисты чудом разъезжаются в арках.

Раскопки на территории монастыря Св. Анны. В глубине, в провале огромный ступенчатый бассейн. Голуби и горлицы перелетают с колонны на колонну. Странно с высоты видеть летящих ниже уровня земли птиц.

57.

Человеку боль свойственна не меньше самого существования. Откуда в оставшейся сумме страдания? Откуда чаяния? Редко когда жизнь прожита счастливо. А если счастливо — печально с ней расставаться. То есть место для драмы, если не трагедии, всегда найдется. Если бы человек не получал от жизни удовольствие, человечество бы не выжило. Любое существо — насекомое и т.д. — должно получать награду за существование — и отсюда силы к исполнению инстинктов и т.д.; ибо что мы знаем о суицидальном поведении в животном царстве?

Иерусалим есть совокупная воплощенная мечта об избавлении. «Не войду в Иерусалим горний, пока не войду в Иерусалим дольний». Иерусалим — томление по мечте. Агнон писал: шаг за пределы этого города отправляет вас в ад. Это хорошо понимается даже при поездке в Тель-Авив, в его липкий влажный левантийский воздух, в котором тщательно затягивается твой след, и море зализывает лодочки, оставленные на песке твоими ступнями. При всей своей доброжелательно-ленивой податливости Тель-Авив прекрасен лишь ввиду береговой линии моря.

Так вот, Иерусалим есть предмет веры. Повторяю: Иерусалим слишком мал для Бога и в то же время Ему впору. Вот живет человек. Страдает, радуется, мучается и веселится. Но каждый несет в себе слиток чистоты — небесно ясного желания. И каждый знает, куда его — этот слиток — хотя бы в мыслях отнести, в какую кладку, каких именно стен его поместить. «Есть город золотой...», и он выстроен нашими чистыми помыслами, и самое главное: он существует не только в мечтах, но и на карте.

Моя прапрабабка ходила на паломничество в Иерусалим и умерла где-то здесь, в стенах Старого города, от тифа. Когда я смотрю на вырезанные на камнях или дереве ворот надписи вроде «1878 Раб Божий Григорий», я вспоминаю о ней и ловлю себя на мысли, что не очень-то понимаю, как передать и выразить словами самое главное об этом городе. Иерусалим — фигура интуиции, и эти записи нельзя назвать путевыми. Они, скорее, относятся к художественной, а не к изобразительной реальности. Как, собственно, и сам живой город. И, значит, Иерусалим более всего похож на Слово — он его плоть. Множество умерших и живущих людей писали и произносили это Слово и не давали плоти истлеть, вдыхали в него жизнь своими текстами, мыслями, стремлением, чаяниями и прочим. Всё это так или иначе становилось приношением Иерусалиму и его частью, ибо строки образуют не менее прочную кладку, чем камни.

58.

Когда Иисус Навин вместе с Ковчегом Завета перешел Иордан, обрезал всех, кто оставался необрезанным в пустыне и установил лагерь в Иерихонской долине, ему явился Господь и сказал: «Теперь Я откатил от вас проклятие египетское». После этого Иисусу Навину явился ангел-загадка, назвавшийся вождем воинства Господа. Иисус поклонился ему, и началась осада Иерихона. Вопрос в глаголе «откатил» — «гилгул». В синодальном переводе вместо него использован «снял» [проклятие]. В Новом завете перед вестью о воскрешении камень откатывается от гроба. Видимо, почти магический английский оборот — символ свободы, воплощенный в рок-н-ролле, — rolling stone — имеет в виду именно тот самый откатившийся камень Нового завета. Кроме того, «гилгул» означает также круговое движение, совершаемое душой при перерождении. То самое место, где Иисусу Навину было объявлено об откате с евреев египетского проклятия, есть большой секрет современной археологии: усилия найти Гилгул весьма значительны. Но самое интересное и главное — иное: «гилгул» значит «откатить» — проклятие или камень. «Закат» — действие не столько обратное «гилгулу», сколько однокоренное «откатить» в русском языке и уж точно родственное понятию кругового движения, совершаемого при перерождении дня в ночь и ночи в день. Уверен, что необходимо думать об Иерусалиме, где откатываются камни, солнце и египетские проклятия, где человек перерождается и становится свободным. Иными словами, Иерусалим и мог бы быть тем самым искомым Гилгулом.

59.

Иерусалим с его сутью — сутью Храма — есть единственное место, где в пустырях и камнях зоплощается мечта многих мертвых и живых людей. Этот город обладает неповторимым ландшафтом, уникальным воздухом — его нельзя ни умалить, ни забыть. Иерусалим не столько произведение искусства, как иные города, сколько — произведение надежды: на избавление и верную жизнь. Его роль во Вселенной уникальна. Он — залог будущего. Человек покидает мир, а Иерусалим остается, ибо остается надежда. Иерусалим делает надежду вещной, уравнивает ее с настоящим. Здесь слеза обретает облегченье, и суть сердца становится зримей.

60.
Белый город

I

На мраморной доске шахматы из аметиста.
В окна сад перекипает бугенвиллией,
благоухают плюмерия и олеандр;
над соседней кровлей левитирует
бронзовый Будда, беременный солнцем.
Такова квартира в Рехавии, в ней на потолке
из флуоресцентной бумаги наклеены звезды.
И когда Будда закатывается за кровлю,
а сумерки втекают в сад и окна,
бумажное созвездие тлеет над изголовьем.

II

Лунное тело перед балконной дверью,
распахнутой в заросли роз и шиповника, —
не решается сделать шаг: будущего не существует.
Самое страшное во взрослой жизни —
не то, что время истаяло, а невозможность
застыть, уподобиться шпанской мушке,
утопающей в слезе вишневой смолы.
В Суккот поются ниггуны, псалмы и песни.
Окна распахиваются Малером, Марли, Верди…
Воздух дворов зарастает монетами цдаки —
серебро и медь заката ссыпаются каждому в душу.

III

Мир в это время года состоит из благодарения.
Солнце падает в пять часов пополудни,
будто торопится к началу дня, как в детстве
хотелось скорей заснуть, чтобы вновь насладиться утром.
Человек состоит из голоса и горстки воспоминаний.
Город, в котором он идет, подобно игле в бороздке,
по узким, заросшим доверху камнем улочкам,

заново извлекает одному ему ведомую мелодию.

IV

Месяц отдыха и половодье праздников.
Розы, шиповник, плюмерия отцветают,
их ароматы слабеют и оттого печальны.
Месяц Юпитера, катящегося слезой по скуле,
месяц полной луны, висящей над городом,
как великолепный улей — мыслей, томлений, грез.
Эти пчелы собирают нектар с наших душ.
В лунном свете руины особенно прекрасны.
Черепица обрушенных кровель похожа на чешую.
Ангелы проносятся над улицами,
заглядывают в окна и, помешкав,
вытаскивают из них за руки души.
Некоторых возвращают обратно.

V

Гемула спит безмятежно, простыня
чуть колышется над ее дыханием.
Лунный луч гадает по ее ладони.
Горлинка в кроне вздрагивает во сне.
Облака проплывают на водопой к морю.
Гемула утром потягивается перед окном
И склоняет голову, когда луч надевает на нее корону.
В полдень в саду плачет, как птичка, котенок.
Но Гемула не слышит, перебирая вместе с Шопеном
в четыре руки клавиши; грудь ее полнится колоколом звука,
руки колышутся, пальцы бегут сквозь вечность.

VI

Жаркий воздух движется в кронах сосен.
Немецкая колония полна тени и кипарисов.
Гемула обнимает весь воздух руками.
Дочь аптекаря Занделя, храмовника, почившего
вместе с соратниками на берегу Аделаиды,

еще до войны умерла от туберкулеза. С тех пор
каждую ночь возвращается в эти руины,
чтобы погладить двух львов у порога отчего дома
в Эмек Рефаим — Долине Гигантов,
месте, где когда-то обитали двухсаженные големы,
сделанные еще Сифом солдаты-великаны.

VII

Под ней проносятся купола, минареты, мечети.
Бога не только нельзя представить,
но и Храм Его невозможно узреть.
Гемула пролетает над Сионскими воротами
и аккуратно присаживается на кровле,
под израильским флагом. Внизу
в лучах прожекторов среди молящихся
женщин больше, чем мужчин. Гемула
заглядывает одной, молодой, через плечо,
силясь прочесть. Но тут пролетавший ангел
сердито грозит ей и прикладывает палец к устам.
И Гемула послушно отправляется восвояси.

VIII

Жизнь на середине. Мысли о смерти, точней,
об отсутствии страха. О том, что пейзаж
теперь интересней портрета. Особенно
если от моря подняться в пустыню.
Вади Дарга зимой несет воды,
собранные с лика Иерусалима,
в Мертвое море. Готика отвесных склонов,
скальные соборы — с их кровли отказался шагнуть
Иисус. Стоит заблудиться в пустыне, чтобы
встретить себя. Смерть — это объятия двойника.

IX

Тристрамии облетают каньон и меняют курс
к оазису — лакомиться финиками и купаться.

Пустыня, человек, каменная пирамидка,
заклинающая духов пустыни — знак,
запятая в пустом пространстве. Строки
тоже призваны заклясть духов чистой бумаги.
Море проступает на зазубренном лезвии горизонта.
Противолодочный самолет барражирует над границей.
Призрак Лоуренса Аравийского седлает верблюда,
И тот встает, не понимая, кто натягивает поводья.
Впереди над Негевом толпятся миражи Синая.

X

«Знаешь, Господи, — шепчет Гемула, —
я бы хотела быть смертной, простой
тристрамией — черной пугливой птицей.
Что мне жизнь вне тела — маета и только.
Тело — залог соучастия в Творении. Важно
обладать обоняньем, дыханием, болью.
Что за скука — Твоя хлебная вечность».
Вдруг из-за холма раздается скрежет
пониженной передачи и навстречу
переваливается через гребень пикап,
полный скарба, женщин, детишек;
бедуины машут руками, улыбаясь.
Солнце касается медным зрачком горизонта
и заливает пустыню лучистым взором.

61.
Ключ

Вчера утром, когда поливал цветы под окном,
я передвинул горшок — похожий на пифос,
горшок из толстой огненно-красной глины
с тремя стеблями бело-розовых орхидей.
Что-то скрежетнуло под ним, и я извлек на ладонь
старый ключ, чуть заржавелый. И замер. Когда-то —

когда ты ушла, ты оставила ключ здесь — в условном месте.
С тех пор я не заглядывал туда. Зачем? У меня на связке
есть свой ключ, им я и открывал все время,
позабыв про тот, что был у тебя. Или в надежде,
что ты вернешься. Не знаю. С тех пор я тебя не видел.
Прошел день, миновал вечер, я уже собирался
спать и с зубной щеткой в руке
вышел проверить — заперта ли дверь-решетка,
ведущая в сад, к пятачку, где мы кормили
соседского кота, когда он еще здравствовал;
сюда к полуночи приходил и ежик,
чтобы подъесть остатки кошачьего корма. Он так жадно
набрасывался на еду, что однажды опрокинул на себя миску
и пополз, как слон под шляпой. А я услышал,
как ты засмеялась. О, этот звонкий глубокий голос!
Вспоминая его, я чувствую, как
поднимается в гортань сердце. Но при этом —
я совсем не помню твоего лица.
Как странно!.. Впрочем, так и полагается божеству
оставаться инкогнито — незримым. Еще в детстве
я точно знал, что если не можешь вспомнить
лицо той девочки, о которой часто думаешь,
ради которой берешь высоту на физкультуре,
стараешься прийти первым на кроссе, —
если ты не можешь вспомнить ее лицо —
значит, это всерьез, значит ты ее «любишь».
И правда, нельзя полюбить то, что уже стало,
что уже завершено; лишь то, что течет, способно
увлечь за собой душу, подобно речи, подобно
Времени. И разве способна память
остановить течение Леты? Я вставил
ключ в личинку замка, повернул,
язычок вдвинулся в прорезь, но ключ
больше не пошевелился. Я оказался заперт.

Я рассмеялся. Как странно! Как давно
мне не приходилось оказаться в запертом
помещении. Однажды школьником на экскурсии
по Петропавловской крепости нас, возбужденных
девятиклассников, привели в карцер, где сидел кто-то
из декабристов… Наполеоновский Пестель? Лунин? Волконский?
Все вышли, а я остался, чтобы почувствовать
то, что испытывали мои кумиры. Дверь закрылась.
Я присел на краешек топчана и попытался
представить себе, каково день напролет
проводить месяц за месяцем в этом каменном мешке,
с узким окошком в толстенной стене. Единственный
плюс помещения состоял в высоте потолка, я
не переношу низкие потолки, под ними
мне кажется, что я погребен заживо. И вот
кто-то выключил в карцере свет снаружи — и
только тогда мне стало по-настоящему страшно…
Да, я рассмеялся от страха. Потому что подумал: твой ключ —
он заноза. Я сел и попытался, выдернуть, повернуть.
Всё тщетно. И тогда, чуть не плача, я взял
стальной прут и использовал его, как рычаг, но только
треснула личинка, и лопатка ключа погнулась.
Обессиленный, я вошел в спальню и открыл окно,
подергал решетку. Она не шевельнулась. Тогда я лег
на кровать и стал смотреть в сад, где среди ветвей
плыла луна, как китайский фонарик.
Я лежал и старался не шевелиться, поскольку
ты пришла и легла неслышно рядом. Я слышал
сквозь кожу предплечья твой холод. Наконец, луна
погрузилась в крону эвкалипта, и я заснул.
Утром я позвонил в службу спасения, и там
мне дали телефон слесаря. Он приехал,
выбил замок, вставил новый, и выдал
три новых ключа. Расплачиваясь, я был

неописуемо рад, что повлияло на чаевые.
И вдруг понял, что давным-давно, с самого детства
я так не радовался жизни. «Господи, какое счастье», —
подумал я, провожая мастера до машины. А вернувшись,
я включил радио и услышал, что Гилад Шалит
спустя пять лет заключения в зиндане
был встречен отцом на границе с Египтом.
«Какое счастье!» — снова решил я. «Словно
весь мир выбрался из темницы.
А что до убийц, то Господь их и так покарает.
Ему стоит только послать ангелов возмездья или
агентов "Моссада" — между теми и этими
зазор невелик». Весь день прошел превосходно,
в тихой радости, и только,
когда вечером прибирался,
поднял с порога погнутый ключ —
твой ключ, что ты оставила в моем сердце.
Но нынче я избавился от него, я
зашвырнул его за забор и не услышал,
как он звякнул об асфальт, как если б
я кинул его в безвоздушную пропасть.

62.

Многое, почти всё

Проще забыть свое имя, чем этот город.
Воздушный, светлый, его камни раскалены добела Богом.
Он дрожит от осенних праздников — от песен
покаяния, радости и прощения,
от флагов, полощущихся ветром, от стаи скворцов,
певучей тучей развевающейся над черепичными крышами.
На улицах порой некуда упасть яблоку,
будто вся Франция, весь Манхэттен
прибыли сюда насладиться отчизной;
каменистыми пляжами Кинерета,

песчаной подушкой Средиземноморья.
И чернильно-синее море предстает взгляду,
который направлен из глубокой
обдуваемой тени древнего портового сарая:
безупречно резкая линия горизонта и снопы солнца,
завалившие пляж до неба. Там и здесь стучат
пляжным бадмитоном: «В Багдаде все спокойно!»
И море выглядит в точности, как на картинах
Юрия Егорова — ослепительным шаром обратной,
усеянной бликами волн перспективы. Закат
затопляет горизонт, и красные флажки на тросе
в запретных для плаванья местах трепещут языками
прозрачных ньюфаундлендов, стерегущих купальщиков.
Я жил там — в этом воздухе, полном ангелов,
в этом щекочущем, будто пронизанном стаей стрекоз
воздухе. Временами оказывался под полной луной на горе
в одиночестве, спускаясь, чтобы подняться на другую
иерусалимскую гору, чье подножье облеплено горящим
планктоном окон; в каждом хотелось пожить.
Что мной было взято на память об этом городе,
что хранит ручей времени? —
на дне его — камушки воспоминаний. Не скоро
время обточит их. Я спускаюсь к ручью и
становлюсь на колени, чтобы,
задыхаясь от жажды, напиться всласть
ослепительного забвенья.
Никогда не привыкну к мысли,
что мертвых так много: Мамаев курган,
поля подо Ржевом, Аушвиц, Треблинка, Дахау —
сгустки молчания. О какой неподъемный
монолит молчания! Ни голоса, ни шепота оттуда.
Как трудно молиться в такой тишине.
Как непомерна тяжесть слова.
Так, значит, вот как выглядит небо

со дна древней могилы, заросшей маками!
Я плыву в тишине, и тлеющие закатом верблюжьи горы
пропадают во тьме востока.

63.
ТОРЖЕСТВО

I

Мир завершен был только в двадцатом веке. Нынче
он стоит по грудь в безвременье, и голова
еще ничего не знает о потопе, о хищных рыбах,
но вода уже подобралась к губам,
и слегка отплевываясь от брызг, они говорят
о двадцатом веке. О том, что этот век был последним,
и теперь осталось только вырасти, выйти
на мелководье, то есть повзрослеть, осознав,
что двадцатый век был веком апокалипсиса.
Иначе мы все утопнем.

II

Власть в мире слишком долго была в руках теней.
Беда началась намного раньше — с братоубийства
вассальных соперничеств, иудовых поцелуев,
опричнины, разинщины, пугачевщины,
реформ Петра на человеческих костях,
бироновщины, декабристов, крепостничества,
Японской войны — Цусимы, Порт-Артура, погромов,
с начала Первой мировой, с начала революции,
Гражданской войны, Брестского мира, коллективизации,
голода, Большого террора, баварской пивной,
хрустальной ночи, Катыни, Ржева, Мамаева кургана,
войны, войны и победы, борьбы с космополитами,
врачами, генетиками, диссидентами… В результате Родина
окончательно превратилась из матери в мачеху
и низвела образ человека, сделала всё возможное,

чтобы сыны ее перестали ее любить.

III

Нелюбовь к матери — одно из самых
тяжких чувств — приводит к тому, что любовь
замещается ненавистью к себе и к другому.
Ненависть есть страх, а он близок к смерти,
ко лжи, небытию, ко всем тем стражникам,
что служат поработителям. Двадцатый
век оглушил и полонил человечество.
Теперь надо выйти из рабства. Накормить
Третий мир, — обогреть, обучить, вылечить.
Привести к Аврааму его сыновей — Ишмаэля и Ицхака.

IV

Что оставило нам в наследство
удобрившее забытье столетие?
Сонм исключений для
подтверждения правил.
Но первым делом двадцатый съел девятнадцатый.
Вместе со всеми идеями света,
верой в будущее и человека,
который отныне уже никогда, никогда —
ни через сто, ни через двести лет не станет
человеком. Дизель съел паровую машину.
Корпорации съели государство.
Банки переварили золото и платину в цифры.

V

Единственное, что вместе с болью
вселяет надежду, — то, что зло забывается.
Только бесчувствие способно помочь устоять
перед лавиной вечности. Неравнодушие губительно.
Сначала тоска вас берет за жабры, потом
вы ощущаете себя несчастливым, и каждый новый
день все гуще замазывает вам зрачки сажей.

А по вечерам вам надо вставать в очередь
за хлебом на завтра. И в этой очереди вас мучат
мысли о загробной жизни, что она
окажется еще хуже; и даже ничто, пустота
не кажется наградой, ибо вы опасаетесь,
что и там — за гробом — всё останется
по-прежнему. И потому вас охватывает
бесстрастие, холод и немота.
Иногда все же что-то щиплет изнутри душу,
когда вы вновь обнаруживаете, что не способны
к любви — ни к женщине, ни к детям.
И приступы ужаса становятся реже, но сильнее.
Самые слабые из-за того, что утратили
жалкий ничтожный образ человека, готовы
свести счеты. Сильные, как всегда, выживают.

    VI
Главное, чему научил двадцатый век, — выживанию.
Ибо основная часть войны — молчание погибших.
Война, которую мы знаем, нам известна со слов выживших.
Да и то — говоривших о ней неохотно. Победа
в их глазах была торжеством, но не избавленьем.
В двадцатом веке метрополии покинули провинции
и междоусобье разграничили по дланям рек,
по позвоночникам горных хребтов или
провели границы рейсшиной. Ода радости
освобожденных народов была заглушена
плачем по цивилизации, ибо в такие места
цивилизация возвращается только вместе с войной.
Средневековые святые навсегда замолкли при виде
ипритовой дымки. Ядерный гриб над Хиросимой
выжег им глаза. С тех пор у нас развязаны руки.

VII

Теперь, как дождаться мессии? Окажется ли
он человеком? Группой соратников? Героем
социальных сетей? Великим анонимом?
Или целой эпохой? Неужели на белом осле
он въедет в замурованные Золотые ворота?
Когда из разбомбленного зоопарка Газы
сбежали любимицы детворы — зебры,
работник умело раскрасил ослов.
И дети были рады. Так как же
приготовиться и услышать поступь машиаха?
Как не упустить момент? Бог видит
нашими глазами. Руки наши — Его.
История — божественное откровение.
Камни Иерусалима — срубленные головы
библейских великанов. Туча над ними
понемногу приобретает форму быка,
принесшего спящую Европу
к алтарю будущего Храма. Время
замедляется, подобно кораблю, неслышно
приближающемуся к причалу.

64.

День девы

Когда в Иудейской пустыне к каменным ваннам
на дне пересохшего вади, к зеленым зрачкам
в выглаженных водным потоком глазницах
слетаются на водопой тучи капустниц —
белое облако психей порхает в скальных уступах,
составляя твой силуэт. О как мне стерпеть
твое появление? Как не кинуться с кручи,
чтобы достичь? Готические раскаленные скалы
устья реки, взрывающейся половодьем зимой:
из пустыни и со склонов Иерусалима

к Мертвому морю несется вода,
смешанная со щебнем, землей и валунами.
Сели грохочут в преисподней, ворчат.
Пустыня, в которой однажды я встретил *себя*
и был *им* искушаем, хранит молчание.
Горы тянутся под облаками стадом
мастодонтов кубизма. Тени ложатся, бегут,
будто по поверхности какой-то другой планеты.
Земля в этих краях неузнаваема.
Ливни стихают, и пустыня оживает эфемерами,
маками. Но скоро зеленая дымка блекнет,
горы затягиваются пепельным серебром,
и приходит день, когда белые бабочки вьются,
садятся тебе на волосы…
И солнечный сноп погружается в ртутное море.

65.
КАТЯЩИЙСЯ КАМЕНЬ

Габриэлю Левину

I

Разбить лагерь между Русским подворьем
и Яффскими воротами, сесть у костра на закате,
пить чай и рассматривать в бинокль новые дома,
чей камень кажется прозрачным — настолько
он впитывает золото лучей. Летняя резиденция
британского консула, сиротский приют храмовников,
мельница и дома Монтефиори, протестантская школа
на Сионе, крепость Альхалили, утопшая
в оливковых и смоковных рощах; белый,
словно от костей вымытых из земли дождями,
скалистый склон кладбища на Масличной горе.
В Эмек Рефаим — Долине Гигантов —
пророк Исайя вместе с сиротами и вдовами

подбирал оставшиеся после жатвы колосья. Здесь
к югу от стен города жили великаны,
древние големы, сделанные еще Сифом и
переделанные Моисеем для переноски ковчега.
До сих пор кое-где можно встретить каменные ложа,
частью расколотые, длиной больше двух сажен.
Они служили постелями великанам, которых кормили
окрестные жители, взамен получая защиту.
Самсон, говорят, был потомком великана,
зачавшим его в лоне девочки-пастушки.
Позже гиганты сошли на нет — выродились и рассыпались,
и вместо них их тени населили равнину.
Днем они сходят в Шеол — преисподнюю, а ночью
выбираются на поверхность — остыть под ветерком,
дующим между великим городом и пустыней.

      II
Белый лев Иегуды спит у подножья Иерушалаима.
Его братья рассредоточены на часах по всему городу.
Мне особенно нравится грозная парочка у рынка,
перед зданием жандармерии времен мандата.
Другая пара мирно спит перед воротами одного из домов
Немецкой колонии; в его саду однажды я видел цветок,
распустившийся только на одну ночь — за всё время жизни —
растение с колючим массивным стеблем.
Я стоял под луной перед блеклым,
похожим на медузу цветком,
с хлипкими длинными лепестками, и слышал
влажное, одышливое сопенье старика,
растившего это чудо пятнадцать лет:
«Я не знаю, как теперь жить», — пробормотал он.
И я пожалел, что, как всегда, остановившись
на тротуаре перед львами, поддался на его уговоры
пойти посмотреть на уникальное явленье.
«Я одинок, — сказал старик, — мне не с кем поделиться

радостью». Всегда, когда вижу львов Иегуды,
вспоминаю того старика-великана.
Долину Гигантов арабы прозвали Долиной Роз.
Вади аль-Ваард долго была пустынна, покуда
Маттиас Франк, протестантский сектант,
задумавший построить Царство Божье в Палестине,
пробирался к сторожевой Башне Газелей, торчавшей
посреди задичавших зарослей роз, когда-то
пополнявших набатейские караваны благовоний.
Он явился к башне с пятифутовым циркулем наперевес,
чтобы измерить им земли, прикупленные у оттоманов.
Лишь в 1878-м, через пятилетку, сотня верблюдов
привезла сюда сектантов с их скарбом.
А еще через два десятилетия сам кайзер
посетил храмовников с благословением.
Теперь на территории общины тень
от пиний и кипарисов скрывает надгробья
сектантов, которых англичане во время войны
переселили в Австралию, в пасть Моби Дику.

III
Капитан королевских инженерных войск Чарльз Уоррен,
тот самый, что обманул турок, прокапывая тоннели
под Храмовую гору, чтобы вести раскопки, —
первым из европейцев исследовал Хирбат аль-Мафджар.
Я ночевал в этих развалинах, и был там терзаем духами
женского рода. Гурии, газели, опиумные танцовщицы
сходили со стен и влекли меня за собою в пустыню…
У Уоррена имелся свой метод заставить пустыню говорить:
он следовал водосборным террасам и акведукам,
которые всегда сопровождали русла сухих речек.
Так, на берегу Вади эн-Нуэйма он наткнулся на
таинственные развалины; о них речь позже.

IV

Я поселился вскоре в Немецкой колонии,
в перестроенной конюшне того дома со львами,
что принадлежал храмовному аптекарю Занделю.
Это рассказал мне старик Копелян, вырастивший редкий кактус:
у него я и снял комнатку в конюшне, с отдельным входом.
Копелян родился в России и в юности скитался по Европе.
В Палестине отслужил у британцев, поселился в кибуце,
где встретил девушку — сироту, беженку из Германии.
Кибуц находился к северу от Вифлеема. На востоке
плыли в мареве ущелья, кратеры и миражи Моава.
Мертвое море в ясные дни проступало
на зазубренном лезвии горизонта. То, что
видели Копелян с женой с порога своей лачуги,
достойно многих полотен — Иванова, Ханта, Левитана.
В 1948 году кибуц вместе с овцами и курами
бежал от бомбежек и временно поселился
в пустовавшей колонии храмовников. После войны
они вновь вернулись пред лицо пустыни.
Копелян с женой решились остаться со львами.

V

Иордан замерзает, когда коэны-великаны,
несшие Ковчег Завета перед племенами израилитов,
ступают через брод. В честь этого события Иисус Навин
приказывает каждому колену взять по каменной глыбе
и установить все двенадцать в кольцо.
Близ Иерихона он велит разбить лагерь и наточить ножи.
Крайняя плоть рожденных во время скитаний в пустыне
составляет холм. После этого Господь является Иисусу:
«Ныне Я откатил от вас посрамление египетское».
Вскоре Иисус видит, что в поле стоит человек
с обнаженным мечом. Иисус идет к нему с вопросом,
и тот отвечает: «Я — вождь воинства Господа».
Тогда Иисус простирается ниц и называет себя его рабом.

И вождь воинства Господа говорит вождю евреев:
«Сними обувь свою, ибо место, где ты стоишь, свято».

VI

Источник питает город через тоннель,
пробитый в скале на неведомой глубине.
Так Хизкиягу спас город перед ассирийской осадой.
Две группы каменоломов шли день и ночь в забое
навстречу друг другу. И не разминулись.
Так и мысль, и томление, и жажда
познать Иерусалим проницает толщу времени
навстречу стремленью города всмотреться в тебя.
«Закончен тоннель.
И такова была история создания его.
Когда еще каменоломы ударяли киркой,
каждый навстречу товарищу своему,
и когда еще оставалось три локтя пробить,
слышен стал голос одного,
восклицающего к товарищу своему,
ибо образовалась трещина в скале,
идущая справа и налево.
И в день пробития туннеля
ударили каменоломы,
каждый навстречу товарищу своему,
кирка к кирке. И хлынули воды
от источника к водоему
двести и тысяча локтей.
И сто локтей была высота
скалы над головами каменоломов».

VII

Пришел черед Хирбат аль-Мафджар.
Две газели склоняют губами ветки. Чуть поодаль
один из львов Иегуды впивается в третью
газель, их подругу. Такова мозаика,

найденная Уорреном на берегу Вади эн-Нуэйма.
И сегодня в Иорданской долине
или даже на окраинах Иерусалима,
среди замшелых валунов и сосен,
можно встретить изящную кочезую антилопу,
точней, только тень ее — так
она быстра, так пуглива.
Но прежде — следует рано утром
от подножия горы Скопус отправиться в Иерихон;
от монастыря Св. Георгия держаться
древнего акведука, скользящего по откосу ущелья,
которое ближе к полудню вольется
в Иерихонскую долину,
затопленную отвесным солнцем.
И единственная тень в ней —
станет тенью газели.

Фотоувеличение

1907 ГОД

Прежде чем нога Шмуэля-Йосефа Агнона в 1907 году ступила на Святую землю, он отметил в своем дневнике, что паруса рыбацких шаланд, летящих к берегу при подходе к Яффо, полны заката. В том же году пианист Давид Шор, оставивший по себе воспоминания о многих блестящих современниках Серебряного века, на пароходе, идущем из Александрии в Яффо, познакомился с Иваном Буниным. Русский писатель вместе с женой Верой собирался предпринять путешествие по Палестине. Шор и его отец присоединились.

Шор видит чету Буниных так: «Она молоденькая миловидная женщина, он постарше, несколько желчный и беспокойный человек». Бунину он выставляет диагноз: «Несомненный антисемитизм просвещенного человека».

Полуденный жар Палестины. Герой Агнона, недавно прибывший в Яффо и еще не успевший обзавестись легкой одеждой, жалуется, что солнце над Святой землей нещадней жжет тех, кто носит сюртуки и тяжелые ботинки. Оба они — и Шор, и Бунин — носят пробковые шлемы.

Дорога из Тивериады. Старый араб с посохом в руке медленно ведет за собой ослика, на котором, прикрывшись от солнца бурнусом, сидит женщина с младенцем на руках. Старый еврей молится у озера. Молодая женщина с кувшином на плече подходит к нему.

В странностях Бунина Шору видится немало жесткости и грубости. Во время шторма на Кинерете Бунин не на шутку испугался и принялся нещадно бранить лодочников. А в другой раз обругал араба-возницу и чуть не был им зарезан. По дороге из Хеврона, от могилы праотцев, остановились в трех верстах от Иерусалима у могилы Рахили, светящейся в темноте зажженными синагогальным служкой свечами. Осмотрев могилу, продолжили свой путь. Служка попросился с ними. Умолял не бросать его на опасной ночной дороге. Возница отказал ему: лошади устали. Бунин резко поддержал извозчика. Шор спрыгнул с повозки и из солидарности отправился с несчастным. По дороге им повстречались вооруженные бедуины, чудом оставившие их невредимыми. Вскоре Бунин написал стихотворение «Гробница Рахили»:

> «И умерла, и схоронил Иаков
> Ее в пути…» И на гробнице нет
> Ни имени, ни надписей, ни знаков.
>
> Ночной порой в ней светит слабый свет,
> И купол гроба, выбеленный мелом,
> Таинственною бледностью одет,
>
> Я приближаюсь в сумраке несмело
> И с трепетом целую мел и пыль
> На этом камне выпуклом и белом…
>
> Сладчайшее из слов земных! Рахиль!

Впечатления от библейского Востока легли в основу сборника рассказов «Тень птицы», автор которых через восемь лет после путешествия по Палестине вступит в пору своего писательского успеха в России. Каково это? Древнее дворянство, аристократическая свобода позы, сигара, зеленый галстук от Шанкса, тугой накрахмаленный воротничок, беспримерный талант, уютная усадьба, листопад, отрада одиночества, ружье, стожок, собака, широкий плёс, кристальный воздух и душа, единство их, камин, вино, перо из чуткой стали, по отстраненной женщине тоска.

Всё хорошо. Только скоро наступят окаянные дни, и тоска по женщине сменится гневом и отчаянием, вызванными революцией.

А пока — штиль, зной, утро. Пароход бросает якорь на рейде перед Яффо. Дальнейший путь пассажиров обычен, его проделал Агнон и его герой. На палубе давка. Взмокшие от пота лодочники босы; когда они швыряют вниз, в шаланды, чемоданы и самих пассажиров, выкатывают кровавые белки, их фески едва держатся на затылках. Яффо желтеет вдалеке кубическими своими домиками, окруженными метелками пальм; море глубоко синее, пароход уже едва виден. Лодка скользит меж рифов, которых так пугался Ицхак Кумар, герой «Вчера-позавчера», и называл их скалами.

Мостовые и ступени Яффо более гладкие, чем в Стамбуле, но оба города пахнут одинаково: гниющими фруктами и пряными травами. Бунин с удовольствием замечает, что Иудея снова заселяется потомками псалмопевца Давида и древние плодородные долины, полные нарциссов и маков, теперь выпахиваются.

Поезд в Иерусалим отправляется раз в сутки. Воздух из открытых его окон благоухает цветущими оливами и горячей землей. Среди ржавых пашен и зеленых посевов встречаются вереницы верблюдов и стада коз и овец. Пастушьи собаки похожи на шакалов.

Близ Иерусалима появляется серый камень в лишаях и колючках, ущелья, полные тени. Показываются черепичные кровли нового Иерусалима. Старый еврей, увидев город, встает помолиться и по-детски кулаками трет намокшие глаза.

Женщины в темных проулках постукивают деревянными подошвами обуви. Во внутреннем дворе, прямо из окна, в изумрудный водоем пророка Йехезкеля опускается кожаное ведро. Бунин соглашается с царем Давидом: как одно здание устроен Иерусалим.

Стрижи в своих пируэтах резко кричат над городом. Звонит колокол, кричит муэдзин. Пепел заката опускается на крыши.

Иудея — могила, густо заросшая маками.

Путь в Вифлеем подвешен в жарком блеске утреннего солнца и полон диких голубей. Шакал с лисьим хвостом вылетает из-под куста цветущего шиповника.

Под Хевроном холмы опоясаны рядами террас, на которых растут дубы, сливовые деревья и виноградная лоза. У могилы праотцев арабские мальчишки натравливают на неверных собак и забрасывают камнями. Так — спокойно — видит это Бунин. Шор описывает это как «град камней». Бунин стоит над грудой неотесанных валунов, проросшей цветущим кактусом, — над развалинами хижины пророка Ошеа — и думает о его жене — юной блуднице, которую повелел ему взять в жены Г-сподь.

Снова в Иерусалиме. Восторженное ржание осла и блеяние козы. Дым тлеющего кизяка. Плеск бурдюков в источнике. На улицах встречаются русские мужики в лаптях и евреи в бархатных халатах и польских меховых шапках. Турецкие солдаты играют в шахматы. У Стены Плача слышится хор, состоящий из говора, ропота, стона.

Бунин восхищается мечетью Омара, ее восьмиугольной геометрией, яшмовыми и парчовыми колоннами, тем, что купол ее виден из-за Мертвого моря, из пустыни Моава.

Снова Яффо. Над городом тонкий серп луны в бездонных сумерках. Из черного окна в стене слышно, как там ссорятся дети, укладываясь спать.

Наутро штиль зеркальный стоит на выпуклом море, полном отраженного солнца. Задрожала палуба, задымилась, поворачиваясь, корма — и Яффо тронулся, уменьшаясь, пропадая в сизой дымке марева над песками.

С крыш Иерусалима видна пустыня. Нежное небо над ней и солнце затуманены дыханием полдня. От каменных стен города поднимается жар. Воздух простегивают стрижи. Окрест простирается море пепельных холмов.

После полудня воздух чуть трогается с места и наступает облегчение, краски вокруг становятся более ясными, менее белесыми.

На закате золотиста лазурь над Кидроном, рыжие ястреба реют в ней; чуть трепещут концы их крыльев.

За Вифанией пустыня каменным морем падает к Иордану. Выбитая в ее ложе известковая дорога. Бедуины складывают вдоль нее пирамидки из щебня — заклинают темные силы пустыни.

Долина Иордана проглядывает меж конусообразных холмов, блестит сизой солью. Тень от Иудейской пустыни обрывается над Иерихоном высокими скалистыми стенами.

Еще в сумерках начал раздаваться таинственный стрекот саранчи и зазвучал хор цикад, слившийся с сомнамбулическим ропотом жаб в дворовых бассейнах. В темноте чертят зигзаги мириады светляков. Запах эвкалиптов и мимоз окутывает отель. Стены его и каменный двор бледнеют под светом крупных, как слезы, звезд. В таком свете человек сам себе кажется призраком. Где-то рядом в этой бессонной лунатической ночи бродят тени Сдома и Аморы. Перед рассветом полосы тумана тянутся по извивам Иордана. Под минаретом урчат верблюды заночевавших (или «ночующих») бедуинов. Тлеет костер, еще мечутся над мечетью летучие мыши.

В устье Мертвого моря сучья и ветви топляков похожи на кораллы — покрыты солью.

Хлебников считал, что конечной целью цивилизации должно стать решение задачи воскрешения всех мертвых.

Бунин пишет, что в древней Иудее в знак веры в воскрешение из мертвых в могилы клали Розу Иерихона — подобный перекати-полю клубок сухих колючек. Он может годы лежать неживым, но стоит только положить его в воду, как очнется листочками и цветом. Еще Бунин пишет о том, как в Иерусалиме, в гостинице неподалеку от башни Давида, его герой покупал любовь юной арабки, носившей ему козий сыр. И больше он ничего не сообщает о той стране, где Агнон в то же самое время встретил новую жизнь.

Вначале Агнон поселился в Неве-Шаломе, близ моря. Хозяева иных гостиниц договаривались с лодочниками, и те за наполеон тайно переправляли к ним всякого, кто желал миновать паспортный контроль в порту.

Дома Яффо утопали в песках. Жара и безмолвие царили над ними. Иногда доносился шум разбившейся волны. Под таким зноем легко забыть, куда идешь.

В синагоге в Неве-Шаломе двери раскрыты, и возле них стоят два мальчика и по очереди подпрыгивают, чтобы поцеловать мезузу.

Немного людей, одетых в разноцветные одежды, ковры на скамьях и на полу внутри — и море в открытых на восток окнах. Синагога постепенно заполняется. На стене у входа висит объявление: «Рав Авраам-Ицхак а-Коен Кук выступит с проповедью в святую Субботу, раздел Эмор».

Два почтенных старика входят с молодым еще человеком высокого роста. Все поднимаются. Молодой начинает свою поэтическую речь.

Агнон пишет: «Когда Рав умолк, к нему подошел старик хахам, наклонился, взял его руку и поцеловал. <…> Наш учитель <…> видел в этом поцелуе знак преклонения не перед ним, а перед Торой, которое порой обращают к изучающим и исполняющим ее, когда любовь разверзает затворы уст и выражается в поцелуе».

Аромат и достоверность

В трактате Йома (41:4) Иерусалимского Талмуда читаем: «Сказал Бар Капара: „Иерусалимские изготовители благовонной смеси для воскурения в Храме говорили: 'Если бы только добавить туда чуточку меда, никто в мире не смог бы устоять на ногах перед ее ароматом'"».

В Песни Песней (4:14) ладан упоминается как «левона». Ладан — составная часть фимиама из одиннадцати благовоний, воскурявшегося в Храме, — ароматическая смола деревьев рода Босвеллия (ладанного дерева) и некоторых других, растущих на Аравийском полуострове и в Восточной Африке. В феврале–марте на стволах делаются надрезы и вытекший из-под коры и высохший сок собирается для продажи. Благовония высшего качества — смолы, собранные без надрезания коры, выделенные растениями естественным путем. Дым курящихся благовоний уходил вверх, слившись с молитвами, унося вместе с ароматом слезы, мольбы и благодарность Богу.

Родиной благовоний считается Восток, здесь произрастает наибольшее количество растений-эфироносов. Первые благовония возникли еще у истока цивилизации: крошечные сосуды с узким горлом, хранящие пахучие вещества, обнаружены археологами при раскопках памятников древних культур Индии, Вавилона, Египта. Египтяне хранили в таких сосудах мирру. При вскрытии гробницы Тутанхамона лорд Карнарвон и Говард Картер вдохнули запах, царивший здесь три с половиной тысячелетия, — аромат мирры; тут же, в гробнице, были обнаружены сосуды с ладаном.

В древности запаху придавалось сверхъестественное значение не только потому, что он способен влиять на человеческие эмоции. Курение благовоний и стремящийся к небесам дым от них — своего рода музыка незримого. Запах летуч, действие его волшебно и скрытно. Здесь и находится его связь с метафизикой. С помощью благовоний создавалась характерная эмоциональная атмосфера вокруг алтаря. Она помогала молиться и была в то же время приношением, смычкой с незримым.

Память тесно связана с запахом. Если, заучивая иностранное слово, человек ощущает, например, духовитость яблока, — слово запомнится тверже. Из вкуса пирожного, влекущего за собой волны памяти, можно извлечь великий роман. Благовония — это что-то вроде якорей памяти, поднимающих пласты времени. Единственное, что в точности сохранилось после разрушения Храма, — запах. Мы не можем с достоверностью указать ни на один камень, утверждая, что именно он был частью Храма (кроме Стены Плача); мы ничего не сможем сказать с точностью о его убранстве: что находилось внутри, как были устроены внутренние помещения и т.д. Но мы в точности укажем несколько ароматов, которые можно было вдыхать в Храме.

Так почему же воскурение благовоний составляло важнейшую часть ритуальных действий в нем? Что мы знаем об обонянии? Нам известно о его власти над телом. И дело не только в том, что запах регистрируется мозгом быстрей, чем болевой импульс.

Давайте представим себе совершенный орган обоняния. Такой аромотелескоп, который способен регистрировать абсолютно все запахи окружающего нас мира. Даже трудно себе вообразить, насколько важными для ученых окажутся передаваемые им данные. Ибо человеческий нос столь же слеп во вселенной запахов, как крот на свету. Но в этом есть и польза, ибо если человек вдруг обрел бы способность осознавать все запахи, его окружающие, мозгу не хватило бы вычислительной мощности для их обработки. Запахи человек обрабатывает мозгом, в то время как животные — самим органом осязания (подобно тому, как зрительный нерв человека освобождает мозг от вычислительной обработки зрительных образов). Несомненно, вопрос о важности благовоний в Храме — это вопрос о важности запаха в устройстве и функционировании живого мира.

Давайте попробуем хоть немного с этим разобраться. Для начала приведу только несколько разрозненных добытых наукой поразительных сведений о запахе.

Лингвисты и биологи работают вместе, чтобы понять язык запахов. Трудно поверить, но они научились уже давать подопытным крысам команды, состоящие из нескольких пахучих «слов». Они выяснили также, что специальная железа пчелиной матки издает запах, удерживающий рой вместе при миграции.

У трутня обоняние в пять раз чувствительней, чем у рабочей пчелы и тем более у матки. Это нужно ему для того, что, сравнивая с поэтическим даром, прекрасно описал Метерлинк в «Разуме цветов»: трутень быстро и точно чувствует неплодную матку и стремится за ней, пока не настигнет ее или не умрет, истощившись в погоне. Пчелы с ампутированными органами обоняния не способны выполнять работу и быстро погибают.

Двадцать лет назад было доказано, что устройство обонятельных рецепторов заложено генетически. Человеческие рецепторы способны регистрировать около десяти тысяч элементарных запахов. Парфюмерные изделия содержат их до двух-трех десятков, аромат земляники — девяносто шесть. Власть запаха над телом очевидна, но все равно остается тайной. Лишь недавно выявлены нетривиальные связи между носом и мозгом. Молекула вещества (тип запаха определяет ее форма, а не конкретный состав атомов) контактирует с рецепторной клеткой, и нервный импульс направляется в лимбическую систему мозга, где путем анализа формируется ощущение запаха. И здесь же, в этой окрестности мозга, формируются эмоции и мотивации. Но это не всё. Далее преобразованный импульс отправляется к вегетативным ядрам, гипоталамусу, зрительному бугру и другим частям лимбического комплекса. Никакой другой анализатор не связан со столь многими структурами мозга. Механизм взаимодействия с ними пока не поддается объяснению и оставляет впечатление таинственности. Более того — обонятельный нерв регенерируется каждые два-три месяца, его возрождение происходит по тем же законам, что и развитие мозга эмбриона. И вот что самое важное для постижения окружающего мира при помощи запахов. Большинство сигналов обонятельного анализатора отсылается в подсознание, и лишь незначительная их часть воспринимается сознательно. Возможно, именно с этим связан эффект дежавю. Человек не столько помнит, что именно происходило, сколько чувствует, что это уже было. Не значит ли это, что он просто снова услышал запах, который когда-то не был способен осознать, но который отпечатался в подсознании?

Запах-сигнал, попав в гипоталамус, стимулирует выработку тех или иных гормонов. Выражение «Здесь дышится полной грудью!» появилось потому, что нежелательные запахи неизменно становятся источником стресса. И, попав на свежий воздух, человек приходит в чувство, у него нормализуется кровяное давление, пульс. Олдос Хаксли написал роман «О дивный новый мир», посвященный тому, как усовершенствовать наш мир с помощью запахов.

В моем детстве, которое прошло на Апшеронском полуострове, мы с отцом по дороге на пляж непременно совершали один ритуал — заходили в спортивный магазин. На его полках сияли латунные и никелевые кубки, висели вымпелы и сетки с волейбольными и футбольными мячами, бадминтонные и теннисные ракетки, а в центре торгового зала стоял короб с плюшевыми рукавами: устройство затемнения для смены на ощупь (вложить в короб фотоаппарат, закрыть, продеть руки в рукава) фотопленки, которая продавалась здесь же в магазине. Но неважно, что там продавалось. Важно, как в этом магазине пахло. Я уж не знаю, что это был за запах — не то дубленой кожи мячей, не то химических реактивов, — но запах этот, который у меня строго ассоциировался с эмоцией сильного интереса, возбуждения, излучавшегося спортивными товарами, навсегда стал запахом моего детства — запахом чистоты и огромного, неизведанного и желанного будущего.

В течение тридцати лет я мог в любую минуту закрыть глаза и вспомнить этот запах. Но никогда, никогда я его не встречал с тех пор. Ведь это странно, правда? Я побывал за свою жизнь во множестве магазинов, где продавались все те товары, которые я так вожделел в детстве. Но ни в одном я не встретил даже намека на этот запах — сильный, пряный, упругий. Понемногу этот запах стал для меня призрачным, я даже перестал верить в то, что когда-то с наслаждением его вдыхал. Как вдруг лет пять назад я купил себе новые очки. Вместе с ними мне выдали очечник, запах внутри которого взорвал мое сознание. Замша, выстилавшая его полость, пахла ровно так же, как сокровищница того самого магазина спорттоваров! Это было чудо, и я берегу этот очечник на самой верхней полке кабинета и изредка забираюсь на кресло, чтобы аккуратно снять его и, приоткрыв, сунуть нос в шкатулку прошедшего времени — убедиться, что детство действительно было.

Два этюда

Хвала линии

На фотографиях самое интересное — незримое. Есть быстрое незримое — мгновенное событие, выходящее за пределы чувствительности. А есть медленное незримое, выходящее за пределы не реакции, а концентрации. Часовую стрелку трудно уличить в подвижности, если только не делать ее снимки с долгой выдержкой. Порой полезно переключать внутреннюю длительность, выдержку, учиться длить минуты годами и годы умещать в миг.

Медленные и быстрые сущности составляют структуру прозрачности. Незримое обнаруживается, когда кадр становится больше себя самого. Он отождествляется с сознанием — и открывает то, чего не содержал в себе ни его источник, ни его отпечаток. Союз сетчатки, хрусталика и зрительного нерва могуществен: опрокинутый в воздух кусок обнаженного мозга царит над окоемом.

Впервые о прозрачности я задумался в Израиле, когда оказался увлечен рассеченным проводами небом. Над Иерусалимом полно отживших и действующих проводов; нет, лучше воспользоваться высоким термином электромонтеров — «воздушных линий». Многие из них давно уже не используются: жилы отмершей жизни, невиданного типа — свитые, в вощеной бумажной обертке, давно утратившие источник напряжения, они прочерчивают небо бесцельно, без всякого умысла (первый признак искусства).

В Старом городе я обожаю фотографировать эти воздушные линии, «воздушки». Барочными пучками, сплетениями лиан они карабкаются под карнизы, на крыши, с крыш вдруг срываются в воздух — в полет на соседнюю кровлю или дальше, за пределы квартала, перескакивая по кронштейнам, по фонарям времен английского владычества. В Иерусалиме у меня затекали шейные мышцы: город вообще вверху привлекательней, чище, яснее, чем тротуары и фасады.

В Цфате «воздушки» лепятся синусоидой, провисы восполняются набором высоты к подвесным тросикам, и небо ломтями, равнинами вторит горам, холмам, которые высоченно идут ярусами к югу: один, второй, пятый и дальше — сизые гребни, всё бледнее за дымкой, оказываются разлинованы «воздушками», там и тут перехвачены разливом низкого солнца, отчего кажутся пунктиром.

В Израиле среди мальчишек есть обычай: старые ботинки связывать шнурками и зашвыривать в небесную колею. Кувыркающиеся над Иерусалимом, Акко, Назаретом, Яффо, вращающиеся шатко, сложно, вразвалку, в нескольких плоскостях, будто девчонки, раскрутив друг дружку на перемене на вытянутых руках, — туфли, ботинки, кроссовки рушатся, закручиваются вокруг воздушных линий и годами, пока солнце, беспощадно стоящее в зените над узкими улочками, не перекусит обветшавший капрон, висят в небе карнизов, просят каши…

Фотография — геометрия света, сгустки перспективы и вспышки ее разреженных, разряженных в бесконечность свойств, портретная книжность, телесность зрения, набранная до краев хрусталиком, неевклидовы видения сквозь слезинку счастья, разлуки, сквозь каплю росы в лепестке. Слеза — первая линза. Идеальный объектив — отдаленная слеза удивления, восхищения, страха. Геометрию следует почитать хотя бы за то, что она научает думать об абстракции, оперировать ею — самым кристальным объектом разума. Перспективе посвящали тома и жизни, перспектива таинственна и важна оттого, что дает почуять неизведанное.

Наслаждение — думать об идеальной точке, об идеальных линиях. Думать — и вдруг осознать, что при попытке представить, каким образом параллельные линии длятся и сходятся в неведомой, не осязаемой, но все-таки актуализируемой разумом бесконечности, в сознание проникают капли вечности. И этот почти религиозный опыт, достигнутый с помощью размышления о линии, навсегда остается в памяти. Где-то в области абстракции сходятся источники метафизики и мистики, и это точка нестерпимой прозрачности.

Хвала карте

С верхних улиц Цфата видны абрисы шести рядов холмов, чередами идущих к Кинерету. Лиловая дымчатая даль охватывает и устремляет в высоту, когда выходишь из небольшой синагоги, в которой молился Аризаль. Если выехать вечером из Цфата, следя за тем, как на глазах удлиняются тени холмов, то Кинерета достигнешь уже в сумерках. Серебряная тяжелая вода принимает в себя пловца, осторожным брассом возмущающего озерную гладь. К Иордану приезжаешь в совершенных потемках. Ставишь машину на стоянку и на ощупь, среди эвкалиптов, чьи теплые шершавые стволы напоминают слоновьи ноги, пробираешься к реке. Над самым урезом воды горит трехглазый светодиодный фонарик, различимы голоса рыбаков. Говорят по-русски, о наживке и лучшем времени для клева. Идем дальше, обнимая эвкалипты, прочь от рыбаков, чтобы искупаться, не распугав рыбу.

А вылезши из парной воды, смотришь вверх на звезды и, чуть подмерзая от свежести ночи, понимаешь вдруг, почему темнота, особенно звездная, полна метафизики.

В темноте необходима карта пространства. Освоение карты небосвода помогло Колумбу достичь Америки. В темноте есть значительное метафизическое содержание, ибо свет предельного зрения — почти ослепление. Оттого Иерусалим кажется полупрозрачным — раскаленным добела. Тиресий, став слепцом, обрел взамен зрения пророческий дар. «Прозрачные дебри ночи» Мандельштама — это среда пророчества. Будущее можно увидеть только в темноте, и воображение всегда начинается с темноты, которая вдруг становится прозрачной. Подобно пророчеству, контурная карта рождается в темноте. Карта — первый шаг воображения по Земле. Карта — начальный и, боюсь, наиболее значимый опыт абстрактного искусства. Геометрия открыла разуму гармоническое устройство мира. Треугольник, вписанный в окружность, говорит о структуре разума и вселенной, о музыке и смысле — больше, чем тома философских трактатов.

Географическая карта — одна из первых моделей окружающего мира. Первая попытка осознать структуру вселенной и найти в ней себя. Карта содержит в себе свойство предсказания: «после стольких-то дневных переходов на западе покажутся вершины гор». Несколько тысячелетий назад, когда наука еще не сильно отличалась от мистики, обладающий картой был жрецом — человеком, способным предсказывать поведение огромного страшащего пространства. Александр Македонский, вторгаясь во враждебное пространство Востока, был, по сути, мифическим героем, дерзновенней Одиссея и аргонавтов, ибо никто никогда не разрушал компактность древнегреческого пространственного восприятия. Подвиг Александра Великого состоял не столько в покорении народов (трудно себе представить, каким образом горстка греков, оторванная от метрополии, могла контролировать сонмы персов, индийцев и т. д.), сколько в покорении пространства.

Примерно, то же можно сказать и о переселении евреев в Землю обетованную. Ведь это предприятие было еще грандиозней, чем продвижение войска Александра. Евреи не обладали империей и не могли опираться на инфраструктуру армии. Они бросили вызов пустыне, пространству пустыни, они преодолели его и совершили немыслимое: пережив Синай, вышли к Эрец-Исраэль. Они двигались по карте пророчества — но их противостояние пространству, величие этого противостояния редко замечают.

Оптимальный размер родины зависит от возможностей человеческого тела. В идеале родная страна должна быть доступна для нескольконевного перехода. Лучше всего, если, ложась, головой покрываешь север, ногами юг, а раскинув руки, обнимаешь восток и запад родины. Все библейские события происходили на территории отнюдь не огромной, и упоминаемые племена и земли были кучками людей и небольшими владениями. А в самом грозном сражении вряд ли участвовало больше нескольких тысяч людей — количество, которое сегодня затерялось бы в толпе, выходящей со стадиона после футбольного матча.

При взлете самолета есть особенный момент, когда все внизу принимает вид карты. Это происходит не постепенно, а вдруг — существует точка такого фазового перехода, когда окружающее пространство в одно мгновение теряет соразмерность с человеческим телом и ландшафт словно откидывается на диск горизонта топографическим кристаллом. И при этом рефлекторно испытываешь удовлетворение от такого абстрагирования, когда запутанная, сложная система пространственных объектов внезапно превращается в нечто преодолимое, осмысленное. Сакральность карты в том, что она в первом приближении являет собой то, что видит Бог.

Загадка каталонского атласа
О тайне мышления Велимира Хлебникова

Одно из главных блюд Каталонии — любимая Сальвадором Дали утка в грушевом соусе, которую подают в его родном Фигерасе. Отведав ее, необходимо отправиться в Жирону (в ее окрестностях — стаи чаек на убранных кукурузных полях), чтобы, прогулявшись по набережной реки — прозрачной настолько, что полупудовые карпы, будто поросята, роющиеся рыльцами в иле, видны как на ладони, — пройтись по выкрашенному суриком мосту, построенному Эйфелем, и погрузиться в сгущенное пространство средневековых улочек еврейского квартала.

Евреи покинули эти места много веков назад, однако интерес местных жителей к бывшим соседям высок — это объясняет наличие Музея еврейского квартала и то, что жиронцы охотно возводят свои родословные к знаменитым горожанам еврейского происхождения.

В музее собраны обломки каменных надгробий с надписями на иврите. Каталонцы использовали их на протяжении веков в качестве строительного материала для новых домов. Примерно так же христиане поступили с материалом еврейской Библии. «Им проще простить христианство Иуде, чем иудейство Христу», — написал однажды поэт Виктор Коркия.

В музее внимание привлекла огромная карта, размером во всю стену. Этот Каталонский атлас оказался одной из загадок мировой картографии. Вершина каталонской картографической школы, он был изготовлен в 1375 году Авраамом Крескесом и его сыном Йеудой по заказу арагонского короля Хуана I и впоследствии подарен им своему племяннику, взошедшему на французский трон. В силу последнего обстоятельства оригинал атласа хранится в Национальной библиотеке Франции в Париже, а в Жироне выставлена его репродукция. Кроме того, что атлас поразил приближенными к современным контурами морей и полуостровов, он весь был испещрен пучками каких-то линий. Меня очень заинтересовал пучок, который находился справа от полуострова Крым на территории нынешнего Краснодарского края или — учитывая приблизительность карты — Ставрополья. Никто из работников музея не смог ответить на вопрос о его происхождении — на вопрос о том, к какому географическому пункту он привязан.

Спустя какое-то время, разбирая фотографии, я вернулся к этому вопросу. Пришлось ознакомиться с историей картографии. Если резюмировать изыскания, то Каталонский атлас относится к так называемым портуланам: связному собранию небольших карт, чьи координатные базисы как раз и обозначались этими таинственными пучками линий. Линии эти называются локсодромами (навигационными кривыми, пересекающими все меридианы под постоянным углом), числом 32 или 16 — они соответствовали компасным румбам и использовались мореплавателями для привязки к реальным навигационным путям.

Одна из загадок портуланов — отсутствие их эволюции на протяжении XIV и XV веков, что говорит в пользу существования какого-то одного эталонного прообраза. Портулан Пири-рейса, средневековый шедевр картографии, созданный в Константинополе в начале XVI века, по точности на порядок превосходил все существовавшие до него карты мира. В силу кривизны Земли портуланы мало были пригодны для путешествия через океан, однако прекрасно работали при каботажном плавании.

Увы, всё это не отвечает на вопрос: какая именно точка справа от Крымского полуострова на Каталонском атласе была выбрана в качестве опорной для навигационного пучка локсодром. Обращение за помощью к специалистам не помогло идентифицировать связанный с этой точкой населенный пункт. Но спустя какое-то время возникла не догадка, а некая свободная ассоциация, которая не дала ответа на вопрос, но зато помогла сделать смелое предположение в хлеб-никоведении.

Дело вот в чем. Велимира Хлебникова с юности интересовало сравнение дельты Волги с дельтой Нила. Река, собирающая в свое лоно и в линзу Каспийского моря (единственного моря на планете, чьи берега хранят все мировые религии) свет Земли Русской, река, вдоль берегов которой распространялась культура, а торговый путь вел на Восток, связывалась великим русским поэтом с Нилом. История этого сравнения — предмет отдельного исследования, учитывая существование книги путевых размышлений, посетивших Василия Васильевича Розанова во время его плавания по Волге, озаглавленных «Русский Нил».

Моряною в Астраханской губернии зовется ветер с моря, что нагоняет волны со взморья в плавни, затопляет замешкавшегося врага и делает проходимыми банки, россыпи, косы. Существует моряна и в дельте Нила. Именно ею некоторые ученые объясняют чудо рассечения вод — при Исходе.

Хлебников, чья первая научная работа была посвящена фонетическому транскрибированию голосов птиц, населяющих Астраханский заповедник, который был создан его отцом, считал, что дельта Волги, речная страна со всем ее кормовым изобилием — рыб, птиц, дичи, — неотличима от дельты Нила и это позволяет сделать серьезные выводы. Поэт искал различные подступы к этой метафоре в течение всей жизни. Его перу принадлежит рассказ «Ка», где развивается тема божественного двойничества на фоне пребывания в дельтах двух великих рек. Поэт считал, что где-то в дельте Нила находится двойник его души. (Андрей Платонов был убежден, что стал писателем только после того, как ночью за письменным столом увидел своего двойника; тогда он работал над «Епифанскими шлюзами».)

И вот после того, как обнаружилась таинственная точка на Каталонском атласе, пришла мысль об осмысленности картографического преобразования, при котором дельта Нила переходит в дельту Волги. Для этого следует вычислить координаты пересечения медиан двух треугольников, обозначающих дельты великих рек. Это преобразование состоит из двух отражений — от меридиана и параллели, которые пересекаются в центре симметрии, каковой приходится на горную местность в Восточной Анатолии, поразительно близко к истоку Евфрата.

Нетрудно убедиться, что это картографическое преобразование переводит Москву в окрестности Мекки (и наоборот), Рим — в окрестности Кабула, а остров Ашур-Аде в Каспийском море, на котором Хлебников планировал устроить резиденцию Председателей Земного Шара, — к берегам Пелопоннеса. В целом происходит отчетливая замена центров Запада на центры Востока, вырисовывается объединение веток различных цивилизаций. Это преобразование четко атрибутируется Хлебниковым, ибо именно он мечтал о таком экуменическом единении и, в частности, будучи русским поэтом, искал осуществления своей пророческой миссии внутри исламской традиции во время своего анабазиса в составе агитотдела Персармии, выполнявшей установку Троцкого о розжиге искры мировой революции на территории Гиляна, северной иранской провинции.

При таком «хлебниковском» картографическом преобразовании Иерусалим переходит как раз в ту таинственную область на Каталонском атласе, которая содержит неведомый узел пучка локсодром, который нам никак не удавалось идентифицировать. Координаты отраженного Иерусалима приходятся примерно на середину Маныча — цепи соленых озер, геологического наследия пролива, который в доисторические времена соединял Каспийское море с Черным. Вновь подчеркну, что разгадка этого узла на Каталонском атласе так не отыскивается, но размышления над ней приводят к интересному картографическому преобразованию, которое находит свое развитие в следующем.

Хлебников всю жизнь работал над «Досками судьбы» — книгой, чья идея наследует старинному калмыцкому гаданию по бараньей лопатке, которое уходит корнями в буддийские традиции. Особенно интенсивно поэт работал над ней во время своего пребывания в Персии, которая интересовала его с юных лет как некий исход из реальности в райские наделы свободы и живого религиозного чувства, где возможно полное осуществление его футуристического предназначения. В «Досках судьбы» Хлебников с помощью степеней 2 и 3 пытался вывести Формулу Времени и связать ею значимые исторические события. В этой связи его интересовала исламская традиция, согласно которой исламский мессия — мехди — явится в мир Повелителем времени.

Оперирование степенями 2 и 3 и попытки с их помощью провести калибровку новейшей хронологии соответствуют описанному выше картографическому преобразованию не времени событий, а мест событий, согласно которому все числовые калибровки (градусы, минуты, секунды) координат происходят в системе кратности $6 = 2 \times 3$, $36(0) = 2^2 \times 3^2(0)$.

16 января 1922 года в Москве, за полгода до смерти, Хлебников записал в «Досках судьбы»:

> Чистые законы времени
> мною найдены 20 года,
> когда я жил в Баку, в стране огня,
> в высоком здании морского общежития,
> вместе
> с [художником] Доброкозским.
> <…>
> Художник, начавший лепить Колумба,
> неожиданно вылепил меня
> из зеленого куска
> воска. Это было хорошей приметой,
> доброй надеждой

для плывшего к материку времени,
в неведомую
страну. Я хотел найти ключ
к часам человечества...
Там же мы находим:
Азбука, гласный мир, перволюди
рождения, равнодействие,
жизнь, небо, земная кора
Рубль, струны шара, шаг.

«Струны шара» — как раз и есть наши локсодромы, меридианы и параллели. Вышеизложенное предположение провоцирует проанализировать материал «Досок судьбы» с точки зрения картографических преобразований, попробовать найти в их материале пространственные соответствия. Но и без того уже сейчас можно предложить ключ к структуре мышления Велимира Хлебникова, основанный на описанном картографическом преобразовании относительно центра симметрии дельт двух великих рек. Этот русский поэт, как никто другой из современников, находился на острие луча времени, проникавшего в XX век, высвечивая его апокалипсические битвы и с ними — великие научные открытия, революционное развитие научной мысли.

Объединение пространства и времени должно было неизбежно повлиять на мировидение Хлебникова, учившегося математике в Казанском университете, ректором которого некогда был Николай Иванович Лобачевский, автор «Пангеометрии», предвестницы математического аппарата Общей теории относительности. К тому же Хлебников — Председатель Земного Шара. И вправе поступать с земным шаром, по крайней мере с его поверхностью, как угодно. Таким образом, нам представляется закономерным в изучении структур мышления Хлебникова наконец породнить время с пространством, так как XX век, мышление новой эпохи находились на кончике пера Велимира Хлебникова, этого великого объединителя, примирителя религий и цивилизаций, сторон света и времен.

Разведывая структуру исторического времени, он прощупывал структуру пространства.

Утраченный пароль

Интерес к масонам у меня несколько раз менялся от настороженности к любопытству. Старшие мои классы пришлись на начало перестройки, отличавшейся повышенным вниманием к запретным плодам и сенсациям. Я учился в школе при МГУ, основной учительский состав набирался из числа университетских преподавателей, и литературе нас обучала одна миловидная дама, недавно защитившаяся на филфаке. Она каким-то образом оказалась ревнительницей общества «Память» и после обсуждения идей, побудивших Пьера Безухова обратиться к масонам, устроила нам факультатив, на котором рассказала о мировом жидомасонском заговоре; о том, что еще со времени строительства Первого храма евреи претендуют на ведущую роль в обустройстве Вселенной; а также, что среди частных проектов заговора находятся такие успешные рок-группы, как Beatles и Rolling Stones.

К счастью, вскоре после лекции по курсу истории русской литературы, который Андрей Леонидович Зорин читал нам на кафедре истории культуры МФТИ, я заинтересовался русскими масонами вообще и деятельностью Николая Ивановича Новикова в частности. При этом символическое значение масонского ритуала с использованием отвеса, треугольника и циркуля стало яснее. Но все равно относительно легенды о великом строителе Храма — мастере Адонираме, который был убит подмастерьями, пытавшимися выведать у него пароль доступа к высшим ступеням знания, — оставалась убежденность, что корни ее находятся в Танахе и при случае не составит труда их отыскать. Однако даже некоторые простые заблуждения могут длиться много лет.

В 1994 году в Сан-Франциско я познакомился с художником Халом. Человек он был добрый и рьяный, всегда готовый отправиться в путешествие за смыслом. Жил Хал в дешевом отеле; отец его умер, когда сыну было шестнадцать, а пожилая мать давно переехала в Jewish Home, откуда не уставала звонить сыну — с целевыми указаниями, как ему исправить свою жизнь. Хал был художником-акционистом. От его перформансов оставались только огромные цветные фотографии, на которые он тратил свободные деньги, зарабатываемые доставкой пиццы и службой в охранном агентстве.

Эксцентричность Хала обретала воплощение не только стихийно, но и в рамках социально организованных проектов. Одним из них был фестиваль Burning Man. Он проводился ежегодно в южнокалифорнийской пустыне Красных Камней, куда вот уже лет пятнадцать за неделю до Дня независимости отовсюду съезжались самодеятельные и профессиональные художники, специализирующиеся на актуализации воображения. Лагерь, состоявший из палаток, балаганов и автомобилей, был организован амфитеатром. В фокусе амфитеатра располагалась площадка — арена, на которой выстраивался главный объект фестиваля — 20-метровый человек, собиравшийся каждый год из какого-либо горючего материала: досок, соломенных жгутов, высушенных тыкв. Человека этого устроители называли Temple, а себя, естественно, — тамплиерами. В конце фестиваля Temple поджигался и зрелище гигантского пожарища заменяло прощальный салют.

Хал был болезненно увлечен масонами, и после одного случая мне пришлось всерьез обратиться к предмету. Говоря о «Maltese Falcon» — культовом фильме с Хамфри Богартом, Хал утверждал, что вся таинственная суть Сан-Франциско — странного злачного города, который часто по вечерам полон туманов, — в этом фильме. Хал всерьез верил в повсеместность масонов и говорил, что Сан-Франциско ими просто кишит; что некоторые дома в центре города построены масонскими архитекторами и используются ими в качестве храмов. Что это значит? С виду ампирное здание предназначено для общего пользования, и никто никогда не догадается, что в нем собираются масоны. Они могут там находиться под видом простых посетителей и вдруг одним махом устроить тайный, никем не замеченный ритуальный флешмоб.

Хал мечтал подкараулить масонов, но не стал ждать и сам пошел им навстречу. Он работал в охранном агентстве посменно. Иногда его направляли в самые неожиданные места. От завода Coca-Cola до VIP-вечеринки на улице Кастро. И однажды Хал стал дежурить в здании коммуникационной компании AT&T, разгромленном изнутри реконструкцией ампирном дворце. Он восседал на высоченном ресепшн у лифтов и раз в час был обязан обходить здание вокруг. В туалет он выходил через разрушенную до восьмого этажа часть, полную строительных механизмов — бетономешалок, лебедок, экскаваторных каров, гор песка и ящиков с инструментами.

Холл здания AT&T перед лифтовой шахтой, облицованный лабрадоритом, малахитом и яшмой, выглядел как чертог. Однажды ночью Хал тайком привел в него группу художников, с которыми познакомился на Burning Man. Мы пробирались по одному по панели и скрывались в приоткрытой двери. Через два часа в здании AT&T развернулось представление. Единственный зритель — я — сидел на кафедральном возвышении ресепшн и наблюдал, как под музыку Филипа Гласса вышагивали козлоногие каменщики, из-под потолка спускались связки с воздушными шарами с подвешенными за ноги гимнастами, по натянутой проволоке скользили с мастерками в руках фигуры в длинных плащах и вылетали из распахивающихся лифтов вакханки, время от времени подававшие всем чаши с вином.

Наконец началось действие, в котором Хал, переодевшись в хламиду мастера, стал обходить здание изнутри; по достижении определенного места он получал от кого-то из актеров символический удар сколоченным из планок циркулем, метрической рейкой и молотком. После чего совершились похороны Хала-Адонирама. Спустя какое-то время поисков могила была открыта, и по зданию пронеслось восклицание: «Мак-бенак! Мак-бенак!» — так передавали из уст в уста новый пароль мастера, означавший, кажется: «Плоть отделяется от костей».

Однако недоверчивость не мой конек, и о подлинной связи масонского ритуала с Танахом я узнал только пятнадцать лет спустя. Точнее, узнал, что связь очень и очень приблизительная. Во всем Танахе издания Сончино я так и не обнаружил истории мастера Адонирама, на которой базируются масонские ритуалы. Ничего, кроме того, что Адонирам (Млахим I, 5:26–6:13) назывался начальником над податями потому, что начальствовал над строителями Храма, которые набирались по всему Израилю в качестве налога, назначенного царем Шломо.

Нигде в Танахе не сказано, что Адонирам был мастером. Масоны иногда не различают Адонирама и Хирама. Ну хорошо, пусть Хирам — это Адонирам. Но почему я нигде не нашел истории о том, что Хирам (есть два Хирама: медник и царь Цора, который поддерживал дружеские отношения с царем Давидом и помог ему построить царский дом [см. Шмуэль II, 5:11], а теперь с готовностью откликается на просьбу царя Шломо поставить ему кедры и послать искусных ремесленников для сооружения и отделки Храма; в качестве платы Хираму обещаны поставки пшеницы и оливкового масла) — мастер, которого погубили завистливые подмастерья? И надо ли говорить, что в ответ на вопрос: «Что значит масонский пароль на иврите?» — мне специалистом в ивритской филологии было сказано: «Не понятно что».

Так откуда и когда берет начало масонская легенда об Адонираме? Я не берусь судить о ее глубокомысленности, однако было бы интересно узнать, какими именно апокрифами располагали тамплиеры, чтобы осуществить подлинную реконструкцию мифа.

Пчелы, Самсон и пантера

Чтобы узнать, где находится дикий улей, бортник находит пчелу и определяет направление, куда она полетела со взятком, после того как снялась с цветка. Затем он отходит на какое-то расстояние, пока не найдет еще одну пчелу, за которой тоже наблюдает и замечает направление ее полета после взятка. Пересечение линий двух открытых им направлений даст местонахождение улья.

Австрийский этолог Карл Риттер фон Фриш в 1973 году стал лауреатом Нобелевской премии по физиологии и медицине «за открытия, связанные с созданием и установлением моделей индивидуального и группового поведения животных». Одним из открытий фон Фриша стала разгадка тайны танца пчел. Оказалось, что пчелы-разведчицы своим петлеобразным танцем в улье могут передавать собратьям информацию о месте нахождения взятка — угол направления относительно солнца и расстояние до него, учитывая даже особенности рельефа местности, например, наличие на пути холма или скалы.

Осип Мандельштам исполнял приказание пчел Персефоны и раздавал всем из ладоней мед и солнце. Поцелуи он сравнивал с пчелами, которые умирают, вылетев из улья, но прежде шуршат в прозрачных дебрях ночи. Поэт определял родину пчел в лесу Тайгета. Считал их пищей время, медуницу, мяту. И предлагал подруге дикий свой подарок — невзрачное сухое ожерелье из мертвых пчел, мед превративших в солнце.

Мы говорим: метафора — это зерно не только иной реальности, но реальности вообще. В метафоре кроется принцип оживления произведения, его творящий принцип.

Мало того что метафора есть орган зрения. Она способна, будучи запущена импульсом оплодотворяющего сравнения, облететь, творя, весь мир. Метафора — пчела, опыляющая предметы, — энергия ее сравнительного перелета от слова к слову, от цветка к цветку, как взрыв, рождает смысл. Это не красноречие: чтобы набрать килограмм меду, пчела садится на сто миллионов цветов.

Итак, мы берем на ладонь прозрачную пчелу метафоры и видим в ее ненасытном брюшке мир.

На мой взгляд, пчелы удачно ведут свою тяжбу с пространством: они его не покоряют — поскольку не дальнобойны, и не выдумывают — поскольку нечем; они его собирают.

То, что получается в результате их сборов — соты, — являет собой устройство личного представления пчел о пространстве: оно у них кристалловидное, с шестиугольной упаковкой. Если же учесть, что свет — это «сок созревших для зренья пустот», то, намазывая хлеб на завтрак медом, мы должны отдавать себе отчет, что́ на деле собираемся вкусить: теплое пчелиное зренье.

Известно, что пчелы таинственным образом связаны с поэзией, Словом. Не помню кому — кому-то приснилось, что во рту его поселился пчелиный рой, а наутро — стоило ему только открыть ставшие сладкими уста — они вылетели в строчку — стихами, стансом, и с тех пор счастливец обрел пророческий, подкрепленный эвфоническими достоинствами дар.

Эта связь еще более укрепляется наличием велящих просодии пчел Персефоны: увы, только укрепляется, приумножая пространство тайны, но не проясняется.

В связи с этим рукой подать до следующей догадки. Не в пчелах ли кроется эта улавливаемая где-то на самых антресолях сознания сложно-перекрестная связь двух пар: места–времени <=> звука–смысла.

Хотя и поверхностно, но, в общем-то, внятно валентные связи этих пар обнаруживаются в следующих сентенциях:

«Совпадение вещи и места — и только это — делает их значимыми в области смысла»;

«Место есть ловушка смысла вещи в пространстве: смысловая линза, через которую разглядывают тайну вещи»;

«Смысл есть понимание в звучащей ауре тайны»;

«Звук есть место смысла вообще и в пространстве в частности»;

«Время есть мысль о месте вещи»;

«Звук, просодия есть время, которое проистекает — как квантовая волна из элементарной частицы — из смысла и которая в него же — через понимание — возвращается»; а значит:

«Звучащее слово есть временная составляющая пространства, оно разворачивает его осмысление».

Примерно в том же духе Велимир Хлебников размышлял о топологии звукосмысла, пытаясь наметить математически умудренный подход к языку и производимой им реальности. Но мне кажется, что и здесь без пчел не обойтись. Их медиумические функции между пространством и смыслом прозрачны. Подобно словам — полетом по строчкам стиха за взятком смысла, они покидают сознание-улей и частицами понимания возвращаются в него, облетев окрестность произрастающей, как на кипрейном лугу, тайны. Вот отчего уста, владеющие даром просодии, — сладкие и золотые: потому что медоточивы, лакомы пчелам.

Интересна библейская загадка: «Из поедающего вышла еда, из мощного вышло сладкое». Жаботинский в «Самсоне» рассказывает свою версию того, как Шимшону удалось полакомиться медом с помощью пантеры, которую он разорвал, как козленка, для того чтобы задать очередную свою загадку коварным брачным друзьям: как из свирепого вышло сладкое. У Жаботинского в этом эпизоде действуют Самсон, зеленоглазая девушка и ловкий мальчик Нехуштан, сумевший вынуть пчелиные соты из обглоданного насекомыми трупа пантеры. В общем-то, это обычное дело, когда дикие пчелы за неимением дупла используют скелеты животных, обтянутые клочьями шкуры, — в качестве естественного укрытия для сот. Нехуштан развел костер, за которым сумел спрятаться от разъяренного роя. Пчелы, пантера и женихи были посрамлены.

Теперь надо рассказать, как однажды я сам встретился с хищниками на Святой земле.

Когда-то у пляжа близ города Ришон-Ле-Цион высилась ржавая корма выброшенного штормом судна. Уже в середине марта мы загорали на этом пляже и даже немного купались в обжигающей соленой воде. Однажды я провел на пляже полдня в одиночку. На обратном пути сошел с шоссе, намереваясь срезать через пустырь. Наткнулся на гончарные мастерские. Стада горшков, кувшинов, амфор, пифосов располагались вокруг, из их столпотворения трудно было выбраться. Дальше пустырь продолжился, превратившись в сильно пересеченную местность.

Кругом ни души. Наконец рельеф разнообразился. Появились бетонные блоки, ограждение из сетки-рабицы. Довольно странно заблудиться на открытой местности, изрезанной овражками, пригорками, ложбинами. Избыток выбора направлений для движения только запутывает, и приходится выбираться повыше, чтобы оглядеться и не потерять ориентацию. Увлеченный этим делом, я не заметил, как снова приблизился к проволочной сетке. Я взял в сторону, взобрался на очередной пригорок, чтобы снова осмотреться и прикинуть, как двигаться дальше.

И тут на расстоянии шагов в сорок я увидел некое поразительно знакомое животное. Я изумился до глубины души. Глаза отказывались видеть то, что видели. Мозг им не верил. На расстоянии десяти секунд быстрого шага лежал тигр. Я отчетливо видел его сильное тело, полоски на шкуре. Я замер, всматриваясь, надеясь на то, что тигр мертв и не шевелится. Надеясь на то, что передо мной чучело. Вопрос о том, зачем кому-то понадобилось на пустыре оставлять чучело тигра, мне в голову не приходил, — сознанию нужно было обезопасить себя любым способом. Но вот тигр зевнул, и я разглядел обнажившиеся клыки.

Тут-то я и понял, что надо как-то физически, а не мысленно выбираться из этой истории. И взгляд мой вновь обратился в поисках направления — теперь бегства. На некотором расстоянии от тигра я увидел львов. Гривастого самца и львицу. Раньше я их не замечал потому, что песочный цвет львиной шкуры хорошо сливался с цветом пустыря. А тигр выделялся. Несколько мгновений я еще на что-то надеялся. Но львица потянулась вперед и прикусила огромную кость с остатками мяса.

Я испытал то, что испытывали наши предки, охотившиеся на бизонов и мамонтов, при встрече с саблезубым тигром. Тело сделалось невесомым, и пустырь превратился в широкую взлетную полосу. Выбравшись на шоссе, я хотел идти в полицию, но опомниться не успел, как влетел в квартиру своих друзей, с которыми мы и вернулись на этот пустырь. Друзья мои, прежде чем звонить в полицию, хотели своими глазами убедиться в том, что я видел.

И мы теперь втроем увидели львов и тигра. Эффект был невероятным. Длился он минуту-другую, пока не выяснилось, что животные находятся в искусно сделанных вольерах, в которых имеются и рвы, и острые прутья, а та рабица, которая мне встречалась по дороге, есть ограждение еще не открытого для публики, недавно отстроенного зоопарка. Просто, взобравшись на пригорок, я попал в особую точку обозрения, из которой животные были видны как на ладони. Сейчас я понимаю, что литература, в сущности, есть поиск таких особых точек, в которых зрение становится видением, в которых из свирепого вынимается сладкое.

Казачий трофей

Горизонт застлан не то облаками пыли, не то дымами костров. Там и здесь на заднем плане мы видим скопления пик, смутные образы группового движения, всё вокруг кипит и движется, — что́ именно движется и кипит, неясно, но художник создает подлинное впечатление многолюдной деятельности, увлеченности многих людей каким-то общим — жизненно-военным — делом.

Перед нами бескрайний степной ландшафт Сечи. Не видно ни кибиток, ни каких-либо иных подробностей хозяйственной деятельности. Детали неразличимы, как не различаются в костре, пока он не потухнет, отдельные угли. Разве только за спиной широкоплечего черноусого казака в бурке и с окровавленной повязкой на лбу угадывается дымящийся котел — с кулешом, с похлебкой?

Вскоре передний план картины полностью захватывает наше внимание. Он составлен из восемнадцати крупных портретных фигур, каждая из которых надолго останавливает взгляд своеобразием характера, определенной повествовательной основательностью. За каждым казаком выстраивается целый рассказ о типе натуры, преломленной ее военной деятельностью. Казаки эти все удачливы в бою: некоторые награждены увечьями, но счастливы в главном — в том, что выжили. Некоторые из них явно сильны статью, некоторые карикатурно худосочны, болезненны или беззубы. Однако все лихи и обладают органической уместностью в целостности картины, составляют весомый вклад в ее художественную ценность. Образы их выполнены филигранно, и позы как первостепенных персонажей, так и тех, что находятся вне поля действия главных фигур, склоненных над писарем, под коллективную диктовку составляющим лихое письмо османскому султану Мехмеду IV, — образуют сердцевину кипучего пространства Сечи, полного удали и стойкости перед походными лишениями.

Возникающее в конце концов желание узнать что-нибудь о могущественном, но безвестном для нас султане — естественно. И прежде чем мы перенесемся в Константинополь, остановимся на одной интересной детали картины, которая обогатит смыслом нашу траекторию наблюдения. Это пороховница, прикрепленная к поясу казака, сидящего с обнаженным торсом. При серьезной игре казаки снимали рубахи, чтобы не иметь возможности подложить карты за пазуху или в рукав. И вот мы видим у поясницы этого весело ухмыляющегося казака, с залихватски закрученным вокруг уха оселедцем, инкрустированную вещицу — часть боевой амуниции — сосуд с длинным горлышком, через которое ссыпается на ружейную полку порох.

Теперь нам следует вглядеться в картину Репина еще более внимательно — чтобы обнаружить удивительное обстоятельство: центральный узор пороховницы представляет собой еврейскую золоченую шестиконечную звезду, Щит Давида.

Репин тщательно подходил к срисовыванию казацкого снаряжения. Во множестве эскизов он использовал коллекцию знатока старого Запорожья Дмитрия Яворницкого. Так что сомнений в принадлежности пороховницы к казачьей амуниции нет никакого. Но возникает вопрос: каким образом Щит Давида — символ мирных евреев — попал на оружейную принадлежность?

Единственная правдоподобная гипотеза состоит в том, что пороховница принадлежала караимам (или только была ими изготовлена), широко проживавшим в Крымском ханстве. Достаться казакам она могла в качестве трофея.

Одно из наиболее знаменитых мест проживания караимов — Чуфут-Кале («Еврейская крепость»), средневековый город-крепость, основанный в IV–V веках в Крыму близ Бахчисарая. Религия караимов (потомков древних тюркских племен, исшедших из Хазарского каганата) была фундаменталистским толком иудаизма, отрицавшим значение Талмуда.

Чуфут-Кале стал резиденцией первого крымского хана; традиционно здесь же содержались высокопоставленные военнопленные (способные себя выкупить; людей же небогатых продавали в рабство в Каффе, нынешней Феодосии) и располагался государственный монетный двор.

По быту и одежде почти ничем не отличаясь от татар, караимы жили замкнутой общиной, занимались торговлей и ремеслом. Подражая иерусалимской топонимике, окрестности Чуфут-Кале караимы именовали своеобразно: здесь есть и Иосафатова долина погребений, и Масличная гора, и источник Юсуп-Чокрак («Фонтан Иосифа»), а у подножия крепости протекает пересыхающий летом Кидронский ручей.

Не исключено, что здесь же, в Чуфут-Кале, и была произведена та пороховница, добытая казаками в одном из Крымских походов.

Вернемся к султану. Что пишут ему запорожцы? В письменной истории Запорожской Сечи имеется несколько апокрифов, одному из них мы последуем.

Письмо запорожских казаков к султану в благозвучном переводе:

> **Ответ запорожцев Магомету IV**
> Запорожские казаки турецкому султану!
> Ты — шайтан турецкий, черт, проклятого черта брат и товарищ и самого Люцифера секретарь! Какой же ты, к черту, рыцарь, когда голым задом ежа не убьешь? Черт гадит, а твое войско пожирает. Не будешь ты, чертов ты сын, сыновей христианских под собой иметь, твоего войска мы не боимся, землей и водой будем биться с тобой, чтоб тебе пусто было.
> Вавилонский ты повар, Македонский колесник, Иерусалимский пивовар, Александрийский козлодран, Великого и Малого Египта свинопас, Подолянская злодеюка, Татарский сагайдак, Каменецкий палач и всего света и подсвета шут, а для нашего Бога — дурак, самого аспида внук.

Вот так тебе запорожцы ответили, никчемный!
Не годен ты и свиней христианских пасти! Числа
не знаем, ибо календаря не имеем, месяц в небе,
год в книге, а день такой у нас, какой и у вас!
Подписали: кошевой атаман Иван Сирко со всем
войском Запорожским.

Мехмед IV, по прозвищу Авджи (Охотник), получивший
его за свою страсть к спорту и охоте, — девятнадцатый осман-
ский султан, правивший в 1648–1687 годах. Сын Ибрагима I,
свергнутого янычарами, и наложницы, Мехмед вступил на
престол в 1648 году. Время его малолетства отличалось бес-
порядочным двоевластием его матери и бабушки, благодаря
чему в 1656 году венецианцы у Дарданелл одержали над ос-
манцами блистательную морскую победу и были остановле-
ны перед Константинополем только что назначенным великим визирем Мехмедом Кепрюлем.

Теперь же, чтобы дополнить образ султана, мы вспомним
одного небезызвестного современника — как его, так и запорожских казаков и оружейников-караимов — Шабтая Цви.

Шабтай Цви — знаменитый еврейский лжемессия, воз-
главивший массовое мессианское движение XVII века, охва-
тившее почти все еврейские общины. Родившись в 1626 году
в Измире в семье византийских евреев, Цви получил хорошее религиозное образование, одним из учителей его был
каббалист и раввин Иосиф Искафа. С юных лет он возглав-
лял группу молодежи, чьи занятия были посвящены Талмуду
и каббале, молитвам и медитациям, обсуждению мессиан-
ских чаяний, вызванных тяжелейшим положением еврейского народа в связи с погромами Богдана Хмельницкого на
Украине. В 1648 году Шабтай Цви объявил себя спасителем
Израиля, однако поддержки в общине не нашел; он пересе-
лился в Салоники, но и там его идеи не имели успеха.

Тем не менее Шабтай Цви предпринял масштабные пропагандистские усилия, выразившиеся в его многочисленных
поездках по еврейским общинам Османской империи. В од-

ной из общин Египта, где он был хорошо принят, Цви женился на беженке из Польши по имени Сара, которая стала его соратницей.

Вскоре после женитьбы Шабтай Цви приехал в Землю обетованную, где встретил Натана из Газы — молодого проповедника, поддержавшего его и разославшего по еврейским общинам призыв ко всем встать под знамя мессии, которым 31 мая 1665 года Шабтай Цви публично себя объявил.

Весть от Натана из Газы нашла широкий отклик во всем тогдашнем еврейском мире, взволнованном распространявшимися многочисленными посланиями, которые восхваляли Шабтая Цви и в которых утверждалось, что мессия скоро вернется в Сион. Однако из Иерусалима, куда Цви прибыл вместе с двенадцатью учениками, он был изгнан.

Вскоре лжемессия обосновался в Измире, где его с ликованием приняли приумножившиеся сторонники, среди которых были и его прошлые противники.

В 1666 году Шабтай Цви прибыл в Константинополь, где наш знакомец, султан Мехмед IV, отказал ему в аудиенции и вместо этого приказал арестовать. Впрочем, пребывание в заключении не представляло для Шабтая Цви препятствия в его проповеднической деятельности. К нему отовсюду приезжали посланники, стража получала немалое вознаграждение за то, что позволяла им встретиться с лжемессией.

Вскоре султан предал Цви суду, который предъявил ему обвинение в посягательстве на роль царя. Лжемессии было предложено выбрать между смертной казнью и обращением в ислам. В результате 16 сентября 1666 года Шабтай Цви принял ислам, а султан пожаловал ему гарем, охрану, должность камергера и жалованье.

Так завершается траектория нашего взгляда, начавшаяся с изображения звезды Давида на пороховнице казака-картежника, вместе с другими запорожцами составлявшего лихое письмо султану, в чьей свите находился знаменитый еврейский лжемессия.

5768 и Асфальтовое море

Философ Владимир Соловьев в «Трех разговорах», своей последней работе, описывает картину Армагеддона. Геологические обстоятельства этого эсхатологического действа и будут интересовать нас в дальнейшем.

«Три разговора» — сочинение футурологическое, изобилует предсказаниями — чего стоят хотя бы имеющие в нем место Соединенные Штаты Европы. В самом конце этого сочинения происходит следующее. Ненависть к наглому самозванцу — лжемессии — охватывает всё еврейство, и с мощью вековечной мессианской веры оно вступает в борьбу. Вспыхнув в Иерусалиме, восстание распространяется по Палестине. Император-лжемессия теряет самообладание, следуют репрессии. Десятки тысяч бунтарей беспощадно избиваются. Но иудейская армия скоро овладевает Иерусалимом. С помощью чародейства император бежит и появляется в Сирии с войском разноплеменных язычников. Евреи выступают ему навстречу. Силы неравны, иудейское войско — горстка против миллионной армады лжемессии. Происходящее в дальнейшем нам особенно важно: «Но едва стали сходиться авангарды двух армий, как произошло землетрясение небывалой силы — под Мертвым морем, около которого расположились имперские войска, открылся кратер огромного вулкана, и огненные потоки, слившись в одно пламенное озеро, поглотили и самого императора, и все его бесчисленные полки».

Святая земля расположена в пределах геологической провинции Левант, в зоне взаимодействия трех плит: Африканской, Аравийской и Евроазиатской, которые соприкасаются между собой по тектоническим границам: континентальному разлому — Рифту Мертвого моря, отделяющему Аравию от Африки; шовной зоне между Аравией и Евразией; зоне надвига вдоль Кипрской Арки, отделяющей Африку от Евразии.

Геологию Израиля формировали три фактора: древний океан Тетис; вулканический Арабо-Нубийский массив, северная оконечность которого находится в Эйлатском горном массиве и в горах Нешеф на египетской границе; Сирийско-Африканский разлом (от гор Таурус в Турции и до Эфиопии), начавший образовываться десятки миллионов лет назад в результате движения тектонических плит. Тетис отложил гигантские слои осадочных океанических пород, составляющих ландшафт севера Израиля. Вулканические породы Арабо-Нубийского массива составили прекембрийские песчаники.

Геологическая структура Святой земли благодаря своей сложности — уж слишком много тектонических сил ее формируют — еще не вполне ясна. В последние годы на берегах Мертвого моря появились крупные провалы. Мертвое море, ниже уровня которого не опускается ни одна впадина на нашей планете, находится в месте Сирийско-Африканского разлома. В Новейшее время оно сильно мелеет из-за чрезмерного забора воды из притоков Иордана. Провалов почвы на его берегах — диаметром до 25 метров и глубиной до 11 метров — насчитывают около двух тысяч, и интенсивность их возникновения повышается. Провалы эти возникают непредсказуемо: однажды земля разверзлась под шоссе, после того как по нему проехал автобус. Четкого ответа на вопрос о механизме возникновения этих каверн нет. Возможно, виной тому стремительное обмеление моря, которое обуславливает понижение уровня грунтовых вод. Впрочем, история Содома сообщает: нечто подобное уже случалось в этой местности.

В Средние века производства мыла и стекла не могли обойтись без карбоната калия — поташа; не могут зачастую и сейчас. Золу заливали горячей водой и лили смесь на костер, раствор выпаривался, а на дне очага кристаллизовался поташ. Кубометр дров давал полкило карбоната калия; мыло и стекло поглотили гигантские лесные просторы.

«Калий» происходит от арабского «аль-кали» — «зола». В 1930 году у северо-западной сконечности Мертвого моря, в районе Калия, были заложены первые химические предприятия, использующие минеральное богатство морской воды для производства поташа и брома.

Сто десять лет назад иерусалимский врач, борец с малярией и исследователь принципов гигиены в библейские времена, секретарь Британо-Палестинского общества доктор Эрнест Мастерман сделал первый в истории замер уровня Мертвого моря. Для этого он на лодке подплыл к почти отвесной скале и выбил риску на урезе воды. Сейчас от этой скалы до берега моря около восьмисот шагов, а перепад высоты составляет примерно тридцать метров. Рядом с меткой Мастермана выбита аббревиатура: PEF — Палестинский исследовательский фонд (Palestinian Exploration Fund), основанный в 1865 году археологами и духовными лицами для исследования Святой земли.

Первый визит в Палестину будущий директор Палестинской поташной компании, основанной в Калии, Моисей Абрамович Новомейский совершил в 1911 году. Он не застал Мастермана на лодке, но застал производивших геологические и археологические исследования берегов Мертвого моря англичан из PEF, которые в пробковых шлемах, обтянутых чулком, присаживались у костра по-турецки, чтобы выпить бедуинский кофе, прихлебывая его после двух-трех затяжек табаку из гнутых, как у Шерлока Холмса, трубок. Экспедиции то и дело подвергались атакам арабов, ошалевших от слухов, будто под Иерусалимом PEF ведет подкоп под мечеть Омара для закладки взрывчатки. Полиция потребовала от Новомейского нанять для себя телохранителей. Прибыв в Иерихон, Новомейский выправил себе мандат для посещения Неби-Муса. Здесь зеркало моря и обрамляющий его ландшафт —

Иудейские горы, полные глубоких пепельных теней поутру, и горы Моава, меняющие свои очертания и оттенок в течение всего дня, вслед за движением солнца, и на закате окрашивающиеся там и здесь алыми озерами, — поразили его взор. Новомейский сделал замеры удельного веса воды в разных местах северной оконечности моря, измерил скорость течения на выходе из устья Иордана: добыча минеральных солей требует поступления пресной воды. В следующий приезд, в 1926 году, Новомейский снова побывал под «Утесом измерений» (Observation Cliff), а еще через одиннадцать лет по соседству с уже действующим поташным заводом был построен отель с полем для гольфа, которым владел «Гольф-клуб Содома и Гоморры».

Мне всегда казалось, что Мертвое море бездонно — если не потому, что где-то на его дне есть трещина, ведущая в бездну, то потому, что там, на дне, есть что-то необычное, какая-то загадка. В одном из стихотворений мой герой в медно-свинцовом костюме водолаза идет по дну Мертвого моря в поисках некоей сумрачной тайны. Греки называли Мертвое море Асфальтовым. Асфальт — битум, горная смола, озокерит — сверхтяжелые фракции нефти, выпаренная нефть, куски которой плавали еще в 1930-х годах на поверхности Мертвого моря. Древние египтяне очень ценили горную смолу, потому что использовали ее для приготовления бальзамических смесей. Остается предположить, что и сейчас на дне Мертвого моря в изобилии имеются залежи битума, которому после землетрясения предстоит всплыть на поверхность.

В июле 2002 года я стоял на балконе квартиры близ Шаболовки вместе с Алексеем Парщиковым и рассказывал ему следующую историю.

Я не читал «Азазеля» Бориса Акунина, но видел последнюю серию экранизации, где меня вдруг застопорила одна сцена. Фандорин приходит к леди Эстер за разгадкой и задает вопрос:

— А сколько всего членов в вашей организации?

И тут Марина Неелова, игравшая леди Эстер, вместо того чтобы, как и полагается единовластной хозяйке тайного общества, хладнокровно назвать число своих «эстернатовцев», — произносит число с четкой расстановкой, которая может означать только одно: актриса вспоминала, что именно написано в сценарии.

— 5768, — наконец отвечает Неелова.

И я немедленно обращаюсь к своему ноутбуку, чтобы заглянуть в текст романа, выложенный в сети. Минут через пять вижу, что в книге леди Эстер называет точное число выпускников эстерната: «За сорок лет педагогической деятельности я вывела на путь шестнадцать тысяч восемьсот девяносто три человека».

К чему это всё? Да к тому, что, если в сценарии «Азазеля» не стоит число 5768, то можно считать его случайным, а следовательно, отнести всю ситуацию — хоть с какой-то долей вероятности — к профетической; с учетом того, что конец эпохи пророков вообще лишает любое высказывание качества предсказания.

Эпоха пророчеств миновала, и точка отсчета, начиная с которой единственным Б-жественным откровением для человечества осталась история, была названа Карлом Ясперсом «Осевым временем», моментом возникновения рационализма. Агада сообщает, что еще до сокрытия Шхины, во времена Второго храма, мудрецы собрались для молитвы о полном искоренении страсти к идолослужению, в который раз приведшей к бедам Израиля. И вдруг во время молитвы из Святая святых выпрыгнул лев. Роковая страсть, принявшая образ хищника, была предана Богом в руки мудрецов и тут же запечатана ими. Но в то же время из мира исчез и пророческий дар. (Почему — вопрос, достойный отдельного рассмотрения.)

Почему число 5768 интересно в этом контексте? Потому что оно приоткрывает хоть и поверхностные, но вполне апокалиптические смыслы. Во-первых, еврейский календарь рассчитывается наперед, но никак не дальше 6000 года, так как в противном случае это было бы проявлением неверия в пророчество, что Машиах придет раньше этого срока. Во-вторых, ученики леди Эстер занимаются делом, вполне достойным деятельности лжемессии (в понимании того, как лжемессия действует в «Трех разговорах» Владимира Соловьева): спасают мир, насаждая в нем эгоцентрическую модель исправления. В-третьих, если сложить цифры этого числа, получится 26: гематрия имени Всевышнего (мне доводилось слышать историю о том, как жители еврейского квартала в Старом городе Иерусалима обнаружили, что какие-то развалины стали порастать островками травы, числом 26, и связали это с приближением конца времен). В-четвертых, с расстояния в пять лет дуплет президентских выборов 5768 года (в США и России) выглядел если не апокалиптически, то определенной сменой вех, во время которой могло произойти что-то невероятное.

Вот такая история, оставляющая вопрос: что же было написано в сценарии?

И Борис Акунин дал на него ответ: «Там написано 5784 человека. Полагаю, Марина Мстиславовна [Неелова] не так запомнила».

История про флаг и город

Это случилось в те времена, когда будущее еще представлялось в образе прекрасной юной особы, выходящей навстречу из нестерпимо яркой туманной дали. Это было в те времена, когда толпы шатались по городу, опьяненные временем, а люди недавно исполнившегося совершеннолетия не могли отличить смену эпохи от собственного взросления и личный возраст подменялся возрастом новой страны.

Что вспоминается из тех времен, кроме спичечных коробков по рублю, пачки «Мальборо» по полсотни, табачных бунтов, талонов и посеребренных полиэтиленовых пакетов с сублимированным картофельным пюре из стратегических запасов НАТО? Сюда можно еще что-то добавить, но немногое: спирт «Рояль», рекламу «МММ», челночников и палаточников, книжные развалы на Новом Арбате, стайки девиц в подворотнях на Тверской. Фарцовщики, торговавшие польскими и китайскими джинсами у израильского консульства, очереди на Международном почтамте, где люди, охваченные предотъездным безумием, отправляли на ПМЖ свои библиотеки. Вся страна превратилась в аэропорт — воронку в пространстве, сквозь которую доносился аромат освобождения. Я помню ежедневные свои походы за паспортом и визой на Старую площадь, в помпезное здание с коридорами, обшитыми дубовыми панелями, где в прокуренном кабинете сидел на выдаче надменный чиновник, время от времени оравший на посетителей. Помню, как мы ездили на велосипедах из общежития в Долгопрудном в Шереметьево-2 — ужинать в рабочей столовой аэропорта и как потом сидели там же за преферансом перед панорамным окном, в котором из темноты выползали на рулежку помигивающие бортовыми огнями самолеты. Там, за окном, над взлетно-посадочной полосой нас ждало будущее. Помню походы в Областной ОВИР и оторопь, когда чиновница разрезала ножницами мой советский паспорт.

Но самым ярким впечатлением того времени стал концерт Pink Floyd. И произошло это в существенной мере благодаря израильскому флагу. Точнее, значку с изображением израильского флага, который я носил в ту пору. Концерт проходил в «Олимпийском», мы купили билеты, но, уже идя от метро к спорткомплексу, все еще не верили в то, что нам предстоит увидеть. Событие было настолько грандиозным, что поверить в него было так же невозможно, как и невозможно его пропустить. И только взойдя по ступеням в вестибюль и услыхав вступление к «Shine On You Crazy Diamond», мы сомневаться перестали. У меня и моих друзей выросли крылья, и мы спикировали в партер. На входе охранник потребовал билет, но я — необъяснимо — сунул ему под нос лацкан с сине-белой эмалью значка израильского флага. Ответом было: «Проходи!» — и дальше мы летели по ступеням, перемахнули через последнюю ограду и оказались в пяти метрах от Дэвида Гилмора. До сих пор не верится, что я был на том концерте. Мы вышли после него оглушенные, и глухота отделила нас от реальности: тучный отпечаток на наших барабанных перепонках был свидетельством истинности происшедшего.

Дальше приключения значка продолжились.

Был в нашей компании пришлый человек И. Учился он не в МФТИ, но в МИИГАиКе, однако родом был из славного городка физиков Протвино и тусовался со своими одноклассниками, поступившими в Физтех, то есть у нас в общежитии. Не знавшие подробностей принимали его за «своего, но с другого факультета». Это был славный парень, незлобный, крепкий, русоволосый и прямодушный. Я помню о нем немногое, но хорошее, помню, что познакомился с ним в разгар его разрыва с одной примечательной особой. Знакомство наше и стало дружеским потому, что И. в ту пору особенно нуждался в собеседнике. Впрочем, неважно, в каких обстоятельствах состоялось знакомство — для нашей истории важно, чем оно закончилось.

Было лето 1991 года. Я сдал уже все экзамены и предвкушал большое путешествие, которое должно было начаться с зарубежной аспирантуры. Предотъездное настроение, особенно в свете выполненных обязательств, всегда превосходно, но тогда его подпортила случайная встреча с И.

Все поездки студентов МФТИ в Москву и обратно начинались и заканчивались на Савеловском вокзале, и студенты часто сталкивались друг с другом в электричках или на перроне. Столкнулись тогда и мы с И. Человек я доверчивый, и то, с каким озабоченным лицом И. взялся за мой рукав, меня взволновало.

«Как дела?» — говорю. «У меня беда, — сделав трагическое лицо, отвечает И. — Меня выгоняют из МИИГАиКа». — «Да ты что?» — «Вот так. Но ты можешь меня спасти». — «Каким образом?» — «Сейчас поедем ко мне в общагу, и ты решишь для меня пять заданий по теоретической механике за весь семестр, 68 задач. Идет?» — «Постой, почему я должен их решать?» — «Потому что иначе я погиб. Ты же не хочешь моей смерти? Я обеспечу тебя комнатой у нас в общаге, и у меня есть банка кофе». И. скинул с плеча рюкзак и достал банку растворимого «Pele» (помните такой кислый тошнотворный кофе из страны, где много диких обезьян?). «А может, поедем в Долгопу, и там я посмотрю на твои задачи?» — «Нет. Во-первых, задачник у меня в общаге. А во-вторых... Я боюсь, что в Долгопе ты от меня сбежишь», — И. крепко взял меня за локоть.

Мы вышли на «Чистых прудах», прошли мимо «Современника» и двинулись переулками в сторону Курского вокзала. Общежитие МИИГАиКа оказалось двадцатиэтажной башней. Мы поднялись в лифте на последний этаж и вышли в задымленный коридор, где я обнаружил человек пять или шесть восточных мужиков в рубашках навыпуск, значительно меня старше. Они сидели на корточках вдоль стены и передавали по цепочке папиросу, которая густо пахла жженым чаем.

Оказалось, на этаже живут одни арабы, а И. делит комнату с палестинцем Махмудом — пухлым парнем, гордо выпятившим живот, демонстрируя крайнее недовольство нашим появлением. «Махмуд, — шепнул И., — платит мне 60 рублей в месяц, чтоб я не жил в нашей комнате. Но сейчас деваться некуда, мы его прогнем».

Пока И. объяснял Махмуду про свое ЧП, тот не отрываясь смотрел на мое плечо, где красовался значок. В ту пору я не был политически подкован и не представлял себе эмоций, какие мог вызвать вид израильского флага у палестинского араба... Вдруг И. устал упражняться в доходчивости своей речи, обращенной к ни бельмеса не понимавшему по-русски Махмуду, замахал на него руками и, пользуясь тем, что всё сознание араба было парализовано кусочком сине-белой эмали на моей рубашке, вытолкал его за дверь.

Дальше начался ад, в котором я уцелел только благодаря теоретической механике. Обкуренные арабы ломились в комнату. И. вел с ними переговоры и баррикадировался. Он успевал подогревать мне чайник и опорожнять пепельницу. Я был погружен в задачи и краем уха прислушивался к тому, что происходило в коридоре. Штурм арабов не смог сломить И., пригрозившего отправиться завтра к замдекана. Арабы стали совещаться, иногда выкрикивая проклятия. И. достал из рюкзака бутылку лимонной водки, подмигнул и выставил ее за дверь с видом человека, подложившего гранату. Наступила тишина, и темп решения задач удвоился. Часа в три ночи друзья Махмуда стали выяснять отношения между собой. Кончилось всё битьем стекол, воплями, всхлипами и появлением наряда милиции.

В оставшийся перед рассветом тихий час я добил банку «Pele», вторую пачку «БТ» и последний десяток задач по динамике. Я встал из-за стола, подошел к двери, отодвинул шкаф и оглянулся. И. спал на подоконнике, накрыв лицо «Огоньком». Я хотел выйти к лифтам, но, увидав кровь на полу и вымазанную ею же стену, шарахнулся не в ту сторону, отчего открыл дверь и ступил на балкон. Здесь я застыл. То, что мне открылось с высоты двадцатого этажа, есть мое личное резюме прошедшей эпохи и эпиграф к эпохе, тогда наступавшей. Представьте: утренний сумрак, Садовое кольцо, лоскуты и скаты крыш, пучок железнодорожных путей у Курского вокзала, с выпущенными усами водяных струй ползет поливальная машина. И над всем этим встает огромное солнце, потоки лучей от которого проливаются по стеклам и мягко трогают зарозовевшие стены зданий. И тут… И тут вдруг где-то совсем рядом врубается магнитофон, и мощный, тоскливо-яростный вопль муэдзина кроет, раздирает, поглощает время…

Представшая тогда предо мной Москва вдруг просквозила какой-то долей своей подлинности, какой-то своей особенной, сокровенной тайной. С тех пор я очень много знаю об этом городе, и знание это не из легких.

Праотцы

Обретение памяти

Деревня Печищи была основана в конце XIX века неподалеку от Паричей, известного еврейского местечка в Белоруссии. Предание гласит, что у паричского помещика тяжело заболела дочь и отец ее обратился к местной еврейской общине с просьбой о молитве и медицинском вмешательстве. Девушка выздоровела, а благодарный отец подарил евреям землю — поле посреди лесов и болот. На поле стояла древняя печь для перегонки дегтя, так что с названием нового поселения затруднений не возникло.

Вскоре в Печищах были отстроены синагога и еврейская школа, появились кузница и кожевенные мастерские; в 1926 году здесь проживали 423 человека. Что еще можно узнать об истории этого живописного уголка белорусского Полесья? Немного. Известно, что во время погрома в апреле 1921 года в Печищах было убито семь евреев; помощь пострадавшим оказывал «Джойнт». Раввином в Печищах в 1920–1930-х годах был любавичский хасид Эли Левин. А в 1929 году здесь был создан колхоз под названием «Кампф». Еврейская история Печищ заканчивается 10 февраля 1942 года, когда немецкий карательный отряд вывел из домов 120 евреев и расстрелял их близ кладбища на краю леса, в километре от деревни. После этого поселение было практически сровнено с землей, на его окраине немцы установили четыре дзота, в здании школы разместился штаб. Той же зимой неподалеку от Печищ, в деревне Высокий Полк, было расстреляно 1700 евреев из Паричей. В Шатилках — 351. В деревне Давыдовка — 129.

В самом начале войны наступление немецкой группировки «Центр» фактически пронзило Белоруссию. Минск был оккупирован 28 июня 1941 года, когда советская номенклатура уже тайно покинула город. В брошенном на произвол судьбы городе погибло почти 100 тысяч евреев, в Витебске (оккупирован 11 июля) — около 20 тысяч из 37, в Могилеве (оккупирован 27 июля) — 10 тысяч евреев из 20, в Гомеле (оккупирован 19 августа) — 4 тысяч из 40: чем дальше на восток, тем меньше жертв.

В то же время гетто Минска, Барановичей, Бобруйска, Бреста, Гродно, Слонима, Вилейки и других мест стали очагами сопротивления. Узники связывались с партизанами, собирали медикаменты, оружие, боэприпасы, оперативные сведения, выводили в лес боеспособную молодежь. Вспыхивали восстания: в Несвиже (22 июля 1942 года), в Мире (9 августа 1942 года), в Лахве (3 сентября 1942 года), в Каменце (9 сентября 1942 года), в Тучине (23 сентября 1942 года), в Клецке (21 июля 1943 года); вооруженное сопротивление было оказано евреями в Глубоком, Кобрине, Новогрудке, Ляховичах и других местах.

Партизаны часто спасали евреев, но до весны 1942 года положение лесных отрядов было тяжелым: они были оторваны от поддержки населения, им не хватало средств связи и оружия. Не приспособленные к жизни в лесу старики, женщины, дети, больные и истощенные люди сковывали действия партизан. Кроме того, евреев иногда принимали за немецких шпионов, поскольку не верили в возможность их спасения из оккупированных нацистами городов и местечек. Нередки были и проявления антисемитизма в партизанской среде.

Большие еврейские семьи собирались в семейные отряды и становились центрами еврейского сопротивления. Пример тому — знаменитые братья Бельские во главе с Тувьей Бельским. В 30 километрах от Минска, в Налибокской пуще, был создан еще один легендарный отряд под командованием

Шолома Зорина. Задачей еврейских партизан было не только сопротивление нацистам, но и спасение евреев, организация побегов из гетто.

Партизаны часто использовали детей в качестве проводников, разведчиков, связных, проникавших в гетто и выводивших людей в лес. Слабые и беззащитные дети в то же время обладали преимуществами перед взрослыми. Воля к жизни у них нередко была выше, а навыки выживания — более эффективными. Это неудивительно: известно, что в критических ситуациях зачастую выживают именно дети и женщины. Связано это, наверное, с невозможностью оценить реальное положение дел, но в данном случае причина не умаляет важности следствия.

Операция «Багратион» — одна из крупнейших военных операций в истории человечества. На территории Белоруссии фашисты выстроили глубоко эшелонированную оборону. К концу 1943 года назрела необходимость атаковать клин немецких сил, вдававшийся в глубь советской территории на 900 километров и угрожавший фланговыми ударами. Но только к лету 1944 года было скоплено достаточно сил, чтобы нанести сокрушительный удар по превосходно укрепленному противнику.

В ходе подготовки операции «Багратион» 170-я стрелковая дивизия (уже второго формирования, первый ее состав погиб на полях сражений в самом начале войны) отличилась при взятии Речицы и вклинилась в оборону противника в направлении Бобруйска. Ночью 1 января 1944 года мой дед, командир пулеметной роты 717-го стрелкового полка 29-летний старший лейтенант Семен Кузнецов получил приказ: действуя совместно с разведротой, выбить противника из Печищ. Командование надеялось так — атакой — поздравить немцев с Новым годом. Дед к тому времени имел два ранения, обладал солидным военным опытом и был представлен к ордену Красной Звезды за то, что в бою за местечко Подровное поднял роту во весь рост и, отразив контратаку немцев, захватил четыре грузовика, пушку и подбитый «фердинанд» (тяжелая самоходно-артиллерийская установка, истребитель танков).

Незадолго до боя за Печищи разведроте под командованием 22-летнего Петра Афанасьевича Мирошниченко было приказано провести разведку местности. Разведчики у линии обороны на подступах к Печищам обнаружили три дзота. Четвертый не заметили.

В новогоднюю ночь рота разведчиков и рота автоматчиков, которой командовал дед, отправились навестить фрицев. В их планах было зайти с тыла, но, отклонившись от трех дзотов, они нарвались на четвертый. Заработал пулемет. Бойцы — кто выжил — залегли, зарылись в снег. Приближался рассвет. На свету, с 15–20 метров, их перестреляют, как куропаток. Командир разведчиков Мирошниченко, видимо, осознав свою личную вину, рванулся к огневой точке. Пулемет был на мгновение закрыт, и этого хватило, чтобы забросать дзот гранатами.

Имя П.А.Мирошниченко потом внесли в пропагандистские списки бойцов, повторивших подвиг Матросова. Летом 1944 года он был посмертно представлен к званию Героя Советского Союза.

Когда именно погиб дед, неясно. В самом ли начале, или он лежал несколько часов в заснеженных потемках, ожидая своей участи…

В 1946 году, когда мой отец пошел в школу, на самом первом уроке учительница попросила:

— Дети, поднимите руки, у кого есть отцы.

Подняли только трое из сорока.

До восьмого класса он страстно им завидовал.

Горечь с возрастом сошла на нет.

Но сейчас это чувство почему-то вернулось снова.

Он хорошо помнит этих детей. Двух мальчиков и девочку.

Еще он помнит кобуру деда, которую теребил, пока тот держал его на коленях перед фотографом...

Три года назад я впервые побывал в Белоруссии, в деревне Печищи, недалеко от Паричей и Бобруйска, в поисках могилы деда. Скоро я снова отправлюсь в те места, чтобы убедиться в том, что имя деда указано на памятнике братской могилы, где захоронены более тысячи советских солдат. И снова приду на местное кладбище, где находится ухоженная могила: металлическая стела с пятиконечной звездой и табличкой: «120 советским гражданам, зверски замученным гитлеровцами в 1941–1942 гг.». Очевидно, на этой могиле должна быть другая надпись и другая звезда. В центре таблички — вмятина от срикошетившей пули вандала.

Печище находится посреди лесной глухомани, с болотами и черничниками. В селе теперь конезавод, на поле растет пшеница, и пейзаж такой, что глаз не оторвать.

Список расстрелянных в Печищах евреев находится в Яд ва-Шем. В Белоруссии таких могил более пятисот, в них лежат около 900 тысяч евреев.

Я молюсь о том, чтобы все могилы Второй мировой обрели имена.

Пункт из послужного списка

У Агнона есть волнующий образ. В неких тайных землях проживает племя великанов, могучее воинство, чей удел — приготовить мир к приходу Машиаха. Под этим племенем комментаторы понимают тайно проживающие на земле десять колен, своеобразный родственный резерв, который придет на помощь евреям в трудную минуту. Путешествующий герой Агнона случайно встречает в пустыне представителя этого племени и упрашивает его передать своему народу послание — призыв поспешить на выручку угнетенным евреям. И великаны откликаются.

Этот трогательный образ надежды на родственную помощь воплощает в себе чаяние единства народа, мысль о народе как семье. Когда в молитве говорится о заслугах праотцев, этот оборот экзистенциально подкреплен уверенностью в дополнительной милости Всевышнего по отношению к ныне живущим за счет достоинств предыдущих поколений.

Поступки предков являются или образцом для твоего собственного поведения, или унаследованной проблемой, которую приходится решать самостоятельно. Это и понятно: легко быть порядочным человеком, если твой отец такой, легко быть добрым, если твоя мать добра. Эта легкость и есть рациональная награда. Но рациональное — только верхушка айсберга. Взгляд Всевышнего, вмещающий отношение к данному индивиду и одновременно ко всем его предкам (почему бы и не к потомкам?), — не вполне постижим человеком. Вопрос не в справедливости наказания или поощрения за несовершенные поступки, а в том, как происходит укоренение в вечности, в которой нет ничего, кроме Бога.

Есть сущности в человеческой жизни, которые глубинно понимаешь только в определенном возрасте. Когда приходится туго, всегда инстинктивно спираешься на приобретенный опыт и пытаешься воспроизвести опробованный алгоритм выхода из ситуации. Но, разумеется, случаются такие передряги, когда не помогает ничего. И тогда всё упирается в запас стойкости. Но какая может быть стойкость у человека, у которого земля ушла из-под ног? История человечества знает множество примеров геройского, мужественного поведения. Но бывает так, что ни один из них не только не соответствует обстоятельствам, но и не способен вдохновить. Однако это всё теория. Эмпирика сообщает, что пережить можно всё. Именно всё. Без почти.

На следующий день после того, как у деда моей матери увели со двора в колхоз всю скотину, конфисковали ульи, косилку и телегу, он проснулся и, как сам вспоминал, вздохнул с облегчением: «Впервые в жизни мне утром ничего не надо было делать. Все заботы советская власть отняла».

Через месяц его вместе с женой и четырьмя сыновьями выслали в Восточный Казахстан. В 1930 году времена были еще вегетарианские, и сосланный за религиозные убеждения мог уцелеть. Более того, в Казахстане прадеду каким-то чудом удалось убедить власть пересмотреть — не свое дело, а место ссылки, — и в результате семья была перенаправлена в Азербайджан. По дороге мой дед, которому было тогда 22 года, заболел тифом, его сняли с поезда, и отец ничего не знал о судьбе своего первенца в течение двух лет.

Так почему было так важно переиграть место ссылки и снова отправиться в мучительный подконвойный путь через всю страну? Дело в том, что у прадеда вместе со всем имуществом конфисковали свиток Торы. А подарен он был общиной субботников из села Привольное, находящегося на юге Азербайджана.

На всех своих фотографиях прадед изображен в кепке, даже на паспорт он отказался сниматься без головного убора. На снимках прадед выглядит очень строгим, подтянутым человеком с твердым, несколько даже суровым взглядом. Рождения 1882 года, он унаследовал веру от своих предков, будучи человеком зажиточным, содержал в родном селе Козиевка Харьковской области молельный дом и был, как я уже говорил, старостой общины, которая имела тесные связи с другими субботниками, расселенными по всему югу Российской империи.

Нижняя Волга, Кавказ и Закавказье еще с екатерининских времен были местами ссылки сектантов — молокан, духоборов, «жидовствующих». В Астраханской губернии и в Южном Азербайджане на границе с Ираном имелись два ссыльных поселения с одинаковыми названиями — Пришиб, от «пришибать», «наказывать». Рядом с персидским Пришибом, населенным в основном молоканами (наряду с «солдатскими» — так назывались потомки солдат, которые охраняли ссыльных), было основано село Привольное, где большинство составляли субботники и геры (герами называли выходцев из субботников, признававших талмудический иудаизм, поскольку кто-то из их предков прошел обучение в классической ешиве и, может быть, потом женился на еврейке).

Расчет прадеда состоял в том, что субботники Привольного, с которыми он состоял в переписке, смогут поддержать его в это трудное время. Но поселиться в Привольном ему не дали: места эти стали строго охраняемой погранзоной. Вскоре прадед похоронил жену, нашел старшего сына и определил на учебу младших. Дед мой, Григорий, подхваченный ураганом великих пятилеток, выучился на строителя и стал строить заводы на Апшероне. В 1936 году у него умерла при родах жена. Митрофан Иванович взял на себя внучку, нашел ей няньку — мою бабушку, оказавшуюся на Апшероне после голода 1933 года, когда на Ставрополье погибла вся ее семья. Через два года прадед встал перед ней на колени и попросил ее стать женой Григорию.

В 1939 году Григорий пошел на Финскую войну, откуда вернулся с ранением и контузией. Тогда же был призван в армию младший его брат, всеобщий любимец Петр, который погиб в августе 1941-го под Киевом. Второй сын тоже погиб вскоре после начала войны. Григорий по ранению призван не был и работал в «Военстрое»: сооружал линии обороны нефтяных полей от Майкопа до Баку, строил аэродромы.

Теперь внимание. После получения похоронок Митрофан Иванович кладет в вещмешок краюху хлеба и отправляется по оккупированным территориям в свою родную Козиевку. Время в пути — три месяца. Двигается в основном ночью, днем отлеживается в подходящем или не слишком подходящем убежище. В степи калмыцкой. В лесу под Пятигорском, засыпав себя листьями. Сплетает из лыка сиденья, которые перед ночевкой навязывает между ветвей... В Козиевке он поселяется в землянке близ избы лесника. С помощью сбереженных еще с царских времен золотых червонцев обзаводится козами и коровой. Вскоре налаживает связь с партизанским отрядом: сообщает разведывательные сведения, поставляет молочные продукты и регулярно принимает участие в партизанских акциях. Причем после каждой операции он берет у командира отряда записку, которая содержит точное описание его функции в данной вылазке. Однажды прадеду довелось спасти партизана, которого немцы привязали к дереву над муравейником.

После войны прадеда арестовали как человека, самовольно покинувшего место поселения. Спасли тетрадные листы с расписками командиров двух партизанских отрядов. Три месяца длилось расследование, и прадеда отпустили. До самой смерти в 1964 году он жил в Козиевке, потихоньку восстанавливал общину, держал коз и занимался садоводством; был знаменит тем, что прекрасно умел прививать деревья, селекционировать.

Я был в позапрошлом году в Козиевке, расположенной, кстати, неподалеку от Сковородиновки, места жительства Григория Сковороды. Прадеда там помнят как доброго, отзывчивого человека. Сама Козиевка — невероятной красоты село, погруженное в живописный ландшафт и окруженное реликтовыми лесами. Такого леса — одновременно дремучего и светлого, — где господствуют дуб и вяз, я никогда не видел. Старики показали мне место, где стоял дом прадеда (есть фотография: он сидит за столом и с помощью лупы пересчитывает зернышки в маковой коробочке, а за его спиной на соломенную крышу мазанки взбирается проказливая коза). За домом открывается живописная котловина выпаса, дальше идет каскад прудов — ставки. Умер прадед от сердечного приступа по дороге домой, ведя своих коз как раз из этой луговой ложбины. Умер в покое, я уверен — как уверен и в том, что он знал: в свой послужной список он может внести и факт спасения своего правнука, добавив меня сразу после того партизана, которого едва живого отвязал от ствола дерева, погруженного в муравейник.

ЗАБВЕНИЕ КАК ИСТОК

Пристальное вглядывание в свои семейные корни порой завораживает не только благодаря тому, что при этом происходит пополнение твоего собственного опыта существования. Иногда вглядывание в генетические и исторические потемки может быть вознаграждено пониманием того, как забвение может стать истоком.

Мой прадед Иосиф Розенбаум родился в 1887 году в Баку. Как его семья оказалась на Апшероне — неизвестно. Известно, что жена Иосифа, Генриетта Эпштейн, родилась в Ставрополе, выросла в Таганроге и в 1914 году родила ему дочь Цецилию. Произошло это в Ленкорани — одном из южных городов Российской империи у самой границы с Персией. Вместе с двумя братьями Иосиф Розенбаум открыл в Баку часовую и ювелирную мастерскую. Дело было успешно, пришла пора его расширять, и братья отправили Иосифа в Ленкорань организовывать филиал.

Апшеронский полуостров находился вне черты оседлости, однако входил в зону экономического развития империи, и евреи на определенных условиях могли здесь селиться. Думаю, прежде всего сыграло роль то, что это был край империи, очень отдаленный от центра. Формула для лучшего местожительства в империи — в провинции у моря — работала еще задолго до ее, формулы, появления. Вдобавок с конца XIX века на Апшероне имела место экстраординарная деловая активность, связанная с освоением первого в мире нефтяного клондайка. Лучшие инженеры и управленцы, новейшая техника и технологии — все самые последние достижения инженерной цивилизации стекались сюда со всей планеты и обеспечивали исходящий в мировую экономику поток нефти. Чем сильней развивалась энергетика, тем больше требовалось нефти — вот почему Апшерон в начале XX века стал символом Нового времени не только в Российской империи, но и в Европе. Шведская, немецкая, польская, греческая, еврейская колонии составляли мощный приток населения Баку. Займы Ротшильдов и инженерный гений Нобелей при посредстве нефти вскормили этот город. Всего за три десятилетия уездный городок превратился в один из крупнейших городов империи. По темпам роста населения он превосходил даже Сан-Франциско времен «золотой лихорадки», которая началась тогда же, когда на Апшероне первая промышленная скважина дала нефть. Нефть и золото хлынули на поверхность в противоположных концах планеты одновременно. С этого момента архитекторы стали застраивать Баку чуть ли не с той же интенсивностью, с какой нефтяные поля Апшерона покрывались буровыми вышками. Нефтепромышленники требовали от мастеров соответствия европейским шедеврам модерна, ампира, новой готики и нового барокко. Воплощенные в каспийском известняке фрагменты Вены, Петербурга, Берлина, Стокгольма отныне стали населять порог Персии. К началу XX века Баку обретает славу «Парижа Востока».

Именно в это время Иосиф Розенбаум, часовых дел мастер и ювелир, женился на Генриетте Эпштейн и в 1914 году стал отцом маленькой Цецилии. Тогда же началась Первая мировая война, и скоро для прадеда возникла угроза попасть на кровавые поля Галиции. Я теряюсь в догадках, почему прадед решил избежать мобилизации именно этим путем. Ведь двое его братьев так и остались в Баку и при этом не были призваны. Прадед выбрал путь бегства на Восток, прочь от войны. Путь его начинался в Персидском заливе. Прибытие на побережье предварялось путешествием через Иран, находившийся тогда под управлением англичан.

Прабабка моя не согласилась ехать в Америку. Прадед не дал ей развода и отправился в Америку с надеждой, что она присоединится к нему, когда он обоснуется в Новом свете. Его дружба с неким Джоном Уиллбурном, работником английского консульства, по словам Генриетты, обеспечила ему надежного проводника при пересечении границы: оседлав осла, он перевалил через Талышские горы и оказался в Персии.

Провидение располагает человеком лишь в той мере, в какой он, человек, способен это вынести; однако исход не определен. Иосиф Розенбаум больше никогда не обзавелся семьей и не увидел жену и дочку. Через Харбин он прибыл на побережье Калифорнии в 1916 году, помыкался два года в Сиэтле с неполноценной визой и вынужден был отбыть в Японию, где нашел приют в немногочисленной еврейской общине Йокогамы и в течение двух лет ожидал вид на жительство в США: обычная в то время практика, см. хотя бы роман Шолом-Алейхема «Мальчик Мотл». Прибывавшие через Атлантику ожидали визу на не столь отдаленных островах, например, на Элис-Айленде. В Йокогаме прадед жил на улице Ямашитачи. Забавно, что едва ли не на той же улице в белоэмигрантском издательстве «Заря Востока» по 1920 год включительно выходил журнал «Жиды и революция». Скорее всего, последнее обстоятельство связано с тем, что ранее именно Йокогаму посетил Колчак — после встречи в США с президентом Вильсоном; именно здесь адмирала застигла весть об Октябрьской революции, благодаря чему он испросился на службу к королеве Британии и готов был отправиться в Месопотамию «хотя бы и простым солдатом».

В 1920 году Иосиф Розенбаум на судне «Seyo Maru» прибыл в Сан-Франциско. Откуда я это знаю? Несколько лет назад я обнаружил замечательный сайт ancestry.com, на котором нашел данные о своем прадеде в реестрах переписи населения 1930 года и в скрупулезной базе данных иммиграционной службы США. Семейная легенда гласит, что прадед обрел в Америке кое-какое состояние. Но Генриетта всю жизнь страшно боялась наличия родственников за границей. Это чувство страха впитала и бабушка. Поэтому, когда отец ее умер в 1952 году, Цецилия без колебаний подписала отказ от наследства.

Но главное, конечно, не в этом. Главное — то наследие, которое мне лично отправил прадед, сойдя в 1920 году с «Seyo Maru», когда указал в графе о родственниках или друзьях в США: Mr. Max Neft (ювелирный магнат Макс Нефт стал его первым работодателем). Ибо именно так — «Нефть» — я назвал когда-то свой первый небольшой роман, который — еще до знакомства с ancestry.com — был посвящен этому ослепительному пятну забвения, в коем с семьюдесятью долларами в кармане растворился тридцатидвухлетний черноволосый мужчина высотой пять футов четыре дюйма.

Прибытие

«Сидя на вершине холма»

Когда-то путь в Святую Землю лежал не целиком по воздуху — самолет приземлялся на Кипре, и далее автобус доставлял вас из Ларнаки в Никосию, где вы ночевали в холле отеля, а наутро ехали в Лимассол, откуда за сорок долларов на пароме отправлялись в Хайфу. Я вылетел из Москвы вечером в начале ноября, когда летное поле Шереметьево утопало в снегопаде. Через четыре часа я стоял перед гостиницей в Никосии и наблюдал, как пьяные английские матросы громогласно перемещаются в обнимку с галдящими девушками из ресторана в отель. Небо дышало роем сочных звезд, теплая ночь в городке, наполненном белыми домишками с цветочными вазонами у порога, и впервые услышанная иностранная речь совершенно обезоружили сознание. Рассвет я встретил за чашкой жгучего, с перцем, кофе, с каждым глотком которого сердцебиение поднималось все выше, в горло. Белый городок прояснялся с рассветом, на улицах появились велосипедисты, прохожие, зеленщики с ворохами пахучей мокрой травы на тачках, в мастерских и магазинах стали подниматься жалюзи, и когда я увидел, как к стене дома подошел человек, нажал на каком-то пульте несколько кнопок и забрал из открывшейся щели стопку купюр, — тогда-то я и решил окончательно, что нахожусь сейчас если не в раю, то посреди заветного коммунизма. Я подошел к банкомату и, изучая волшебные кнопки, попробовал добиться благосклонности этого чуда техники…

Из Лимассола паром вышел только вечером, стремительно стемнело, и я пробрался к бушприту, чтобы видеть ползущие вверху созвездия, слышать шелест волн у ватерлинии и вглядываться в морскую рябь, залитую ртутным лунным светом.

Утром нас всех попросили выйти и прижаться к борту, чтобы работники службы безопасности, на катере встретившие наш паром у входа в порт, смогли провести процедуру фейс-контроля, обогнув наши борта два раза. На автобусной остановке я уселся в такси — невиданный шестидверный «Мерседес», поразился тому, что вокруг меня теперь одни евреи, и уставился на спидометр, стрелка которого жутковато приближалась к отметке 140 км/ч. Я никогда не ездил по земле с такой скоростью, никогда не видел такого шоссе, такого бесконечного ряда пальм, но окончательно сразили меня апельсиновые сады, в которые я попал на следующее утро. С тех пор я уходил в них гулять каждый вечер, поднимался на холм в окрестностях Реховота и минут сорок смотрел на симфонию заката над сизыми холмами. У ног шныряли желтоклювые скворцы, они пронзительно пели и перепархивали от куста к кусту.

На этой вершине холма, пока я разминал в руке комочки рыжеватой земли, подобранной под ногами, мне и пришло в голову, что возвышенное чувство приподнятости над землей, которое меня не покидало, несмотря на все личные и бытовые неурядицы, преследовавшие меня в те времена, объясняется тем, что мне не страшно в эту землю лечь. Именно так: мне не страшно превратиться в этот конкретный набор минеральных веществ, в сок этих растений — травы, олеандров, пальм, апельсиновых деревьев — особенно апельсиновых деревьев, чтобы поместиться в один из этих ярких сочных плодов, родственных восходам и закатам. С тех пор я не раз приезжал в Израиль, с тех пор не раз я брал в руки очень разную землю — и Муганской и Калмыцкой степей, и кубанских и ставропольских полей, и скудной вологодской равнины, разминал в пальцах и тамбовский чернозем, и глинозем Стрелецкой степи под Астраханью, перемеженной косами барханов, и сухой прах каменистого плато Мангышлака, и желтый лесс поймы American River в Калифорнии, полной многотысячелетних секвой, и чернь болотистых зарослей Алабамы, — и везде я мог убедиться, что никакая иная почва не вызывает во мне этих предельно родственных чувств: сгинуть в ней, удобрив, взойти в корни растений и вновь спуститься в перегной и воспарить в парной дымке на рассвете в атмосферу, в облако, двинуться в сторону Атлантики — вот такая необъяснимая тяга посетила молекулы, из которых я состою.

Я был поражен, когда прочитал 13-й принцип Маймонида о вере в воскрешение мертвых: «Я верю полной верой, что будет оживление умерших в то время, когда будет на то воля Творца, Чье имя благословенно, и память Его вознесется навсегда и на веки веков». Я знал это из христианских представлений, но не относился всерьез, а иудаизм мне почему-то интуитивно представлялся научно обоснованным (наверное, благодаря тому, что библейские этапы сотворения мира поразительно совпадали с теорией Георгия Гамова о Big Bang). Вот почему на меня произвело огромное впечатление это почти научное требование о воскрешении всякой плоти: я просто не способен был представить в реальности хоть какую-то основу для этого чуда, когда все жившие раньше люди вновь обретут плоть и кровь и дар речи.

Мысль Николая Федорова о зоскрешении мертвых как предельной цели цивилизации мне представляется великолепной, в то время как все ее сопровождающие писания кажутся бессодержательными. Этот философ не представил мирозданию ничего, кроме одной этой огромной мысли и самого упорства в ней. Как раз на примере Федорова и стоило бы — вместо плачевных попыток выудить из его сочинений здравый смысл — разобрать, как личность, ее упорство и аскетизм способны наполнить сущностью мысль предельно безрассудную, приблизить ее к овеществлению.

Большевики в лице Красина и Богданова, инициировавших научную разработку принципов бессмертия (институт переливания крови, занимавшийся омоложением), приветствовали идею Федорова; была она популярна и среди деятелей искусства, в частности, ею был поглощен Велимир Хлебников со свойственной ему чуткостью к прорыву метафизики в реальность. В самом деле, что человек может придумать более достойного, чем работа, направленная на воскрешение мертвых? Все иные задачи цивилизации едва ли не смехотворны. Воскресить мертвых — вот главная задача. Но как?

И оказывается, что современность нам предлагает если не решение этой задачи, то совершенно реальный к ней подступ. Популяционная генетика как наука о расшифровке всего генетического наследия человечества может скоро поставить себе целью на основе генома конкретного человека расшифровать ДНК всех его предков и, значит, хоть пока и теоретически, обосновать возможность их воскрешения. Мало ли где чьи кости зарыты, где чей пепел развеян. «...Мессия <...> будет знать несколько больше о ядерной физике или микробиологии <...>, — чем мы сегодня», — писал Иосиф Бродский (эссе «Cat's Meow»).

Достаточно ли крови потомка, чтобы воскресить предка? Как будет происходить воскрешение мертвых? Нужны ли для этого кости? Как воскреснут те, чье тело было сожжено? — Эти вопросы стоят перед евреями по крайней мере уже несколько тысячелетий, и последние научные достижения приблизили нас к ответам на них.

Популяционная генетика использует мощнейший современный математический аппарат для построения модели, с помощью которой можно было бы восстановить всю генетическую информацию о предках конкретного индивида. Дело в том, что соматическую часть содержит только около 4% генома: с ее помощью можно «реконструировать» тело. А остальные 96%, вполне возможно, содержат необходимые данные, которые позволят расшифровать генетическое содержание всех предков данного человека, — подобно тому, как аналитическая функция может быть вся целиком восстановлена по значениям в небольшой окрестности своего аргумента. Не исключено, что человечество скоро научится осмысленно читать послание, протянутое нам Творцом через тысячелетия эволюции.

Химик Илья Пригожин получил Нобелевскую премию за ряд выполненных в 1947 году работ, объяснивших существование неравновесных термодинамических систем, которые при определенных условиях, поглощая вещество и энергию из окружающего пространства, могут совершать качественный скачок к усложнению своей структуры; причем такой скачок не может быть предсказан, исходя из классических законов статистики. Работы Пригожина в принципе обосновали возможность диссипативных структур приобретать более сложную организацию и таким образом создали научную основу для объяснения возникновения жизни на планете.

В то же время — вне рассуждений о материальном воплощении души — наука задается вопросом о том, что происходит в момент смерти с такой сложной с биологической и биохимической точки зрения структуры, как живой организм. Дрозды углерод разнесут по пустырю, по перелетным своим путям. Апельсиновые деревья вознесут его в кроны. Но куда денется энергия, выделяющаяся при разрушении живой структуры? Куда отправятся эти килоджоули? В ноосферу? В космос? Поступят в недра какой-нибудь звезды? Черной дыры? В пучину межзвездного газа? Или — в закат, как мне показалось когда-то, покуда смотрел на заход солнца с вершины холма, царившего над апельсиновыми садами.

Пардесы Джойса

В Израиле хорошо спится. Первая моя ночь двадцать лет назад прошла в студенческом общежитии Вейцмановского института на чем-то среднем между раскладушкой и гладильной доской. Высота постели находилась вровень с балконными перилами, и каждую ночь меня преследовало ощущение, что, засыпая, я отлетаю куда-то вверх и вбок и отправляюсь в не менее безвестное, чем бездонное, путешествие над окраинами Реховота. В первое утро я там и оказался, а месяц спустя после приезда полюбил там гулять.

В первое утро друг, у которого я остановился, разбудил меня на заре словами: «Вставай, пойдем воровать апельсины». Мы умылись и отправились на дело. Сторож апельсинового сада еще спал, и поэтому мы поздоровались только с его собаками. Деревья стояли по пояс в тумане. Я в первый раз видел апельсиновые деревья. До того момента апельсины мною наблюдались только в ящиках или на витрине. Вообще, сознание мое было явно ошеломлено теплой осенью, царившей на Святой земле, — улетал я накануне из ноябрьской Москвы, заваленной мокрым снегом.

Мой друг подходил к тому или иному дереву, срывал плод, разламывал его, чтобы впиться в мякоть и прислушаться к своему ощущению — насколько спелый, и шел решительно дальше. Для меня в этом только народившемся у горизонта солнечном свете каждый апельсин был драгоцен, и всё вокруг виделось чистым волшебством, невидалью, и я никак не мог согласиться с придирчивостью моего друга. Оставлять такие богатства ради лучших казалось мне кощунством. Ушли мы из этого райского сада с рюкзачком, полным великолепных, невиданных по аромату и сладости апельсинов.

В первый же день стало ясно, что если моя плоть и сделана из земли, то именно из той, что теперь у меня под ногами. И я смог вообразить себя лежащим в этой земле — без того страха, который в детстве у меня вызывало это представление.

Поселился я в кампусе Вейцмановского института в небольшом домике — црифе. За ним, у мусорных ящиков, вертелись худущие, с огромными ушами, облезлые кошки. Они казались только что спрыгнувшими с египетских барельефов и вначале сильно меня напугали. Среди эвкалиптовых деревьев, вокруг овальной впадины, поросшей травой, стояло несколько каркасных бараков. Каждый вечер, спускаясь в центр земляного параболоида, я ложился навзничь и наблюдал стремительный южный закат, не похожий на закаты Среднерусской возвышенности: палитру восходов и закатов определяет рассеяние Рэлея на атмосферных взвесях — вот почему цвет неба так сильно зависит от характера почвы и растений, на ней произрастающих.

На новом месте меня занимало всё — начиная с природоведения. Впервые в жизни я вел «дневник закатов» — заносил в заведенную тетрадку время, когда солнце касалось верхушек деревьев, и кратко описывал, насколько хватало слов и способностей, характер облачности и колорита. О, сколько восторга вызвал январский ливень, стеной обрушившийся на Святую землю, когда по улицам хлынуло наводнение и молнии начали лупить во все места, не оснащенные громоотводами, в частности, в автозаправки, прямиком в зарытые в землю кессоны с топливом, и кругом завыли автомобильные сигнализации и сирены противовоздушной обороны.

Я полюбил бродить в окрестностях Реховота. Гулял в обществе косматой собаки Лизы, кормившейся у студенческих црифов. Со склона открывались дымчатые холмистые дали. В подножии холма размещалась обрушенная усадьба. Во дворе ее росли пять длинных тощих пальм, валялись заросшие травой ржавые останки сельскохозяйственной техники, кучки битого кирпича, какая-то рухлядь. Вокруг усадьбы широко по склону холма росли дички апельсиновых деревьев, плоды их были кислы и горьки. В низкорослом кустарнике жили дрозды с ярко-желтыми клювами. Дрозд — символ английской поэзии, и вслушиваться в речь его — пронзительную и многообразную — было большим удовольствием.

На втором этаже усадьбы, лишенной крыши, я подобрал несколько пожелтевших клочков писем, написанных химическим карандашом по-английски. На обрывке конверта удалось разглядеть штемпель: 1926, London. Я прочитал и сунул листки под куски штукатурки, где они лежали, и оглянулся.

Лиза, забравшись на развалины и пропав в косматом протуберанце, зевком хватала солнце. Взор мой парил. Он утопал в световой дымке, стремясь вобрать весь ландшафт, весь до последней различимой детали. Апельсиновые сады тянулись внизу сизыми кучевыми рощами по обеим сторонам петлистой грунтовой дороги. В них на ветках под густой листвой висели закатные солнца: срываешь один плод, разламываешь, выжимаешь в подставленные губы, на пробу, утираешься от сока, идешь дальше, от дерева к дереву, выбирая. Лиза, носясь под деревьями, заигрывается с собаками сторожа, берет на себя их внимание. Черные дрозды с желтыми клювами, оглушительно распевая, перелетают, перепрыгивают от куста к кусту в сухой блестящей траве. В ней я однажды наткнулся на огромную черепаху. Размером с пятилитровую кастрюлю, черепаха обнаружила на своем панцире несколько вырезанных и расплывшихся по мере роста букв.

Обрывки писем содержали кроме личных признаний призывы приехать. Женский почерк (более мелкий, округлый и тщательный) отказывался ехать в небезопасную Палестину и призывал адресата приехать на Новый год самому. Письма было стыдно читать. Сейчас мне скорее непонятно, почему я решил оставить их на том же самом месте (ясное дело, стыд, вызванный осознанием подглядывания, должен был загаситься исследовательским интересом), чем то, каким образом они там сохранились в развалинах под открытым небом... Мужской почерк (раздельные прямые высокие буквы) в подробностях излагал, как происходит сбор урожая, какие деревья насаждаются в низинных местах города, как возделываются плантации, какие сельскохозяйственные машины планируется в будущем году купить, а какие придется взять в аренду. Женский почерк сообщал, кто присутствовал на похоронах дедушки, как были обставлены поминки...

Там, в окрестностях Реховота, на взгорье, я мог несколько часов просидеть на возвышенном месте — перед ландшафтом заката. Что думал при этом, я никогда выразить не мог. Кажется, тогда происходило рождение нового стремления, нового движителя. Однажды это совместилось с чтением.

Мне было двадцать лет, на коленях у меня лежал «Улисс», я курил сигареты Nobless, и занимала меня только одна серьезная мысль: каким образом в главе «Навсикая», изобразительный ряд которой в первой половине текста остается принципиально черно-белым, во второй половине вдруг необъяснимым образом вспыхивает всеми оттенками радуги? Задумавшись и не найдя ни единого прилагательного, ответственного за это преображение, я стал перелистывать страницы и наткнулся вот на что:

> He walked back along Dorset street, reading gravely. Agendath Netaim: planter's company. To purchase vast sandy tracts from Turkish government and plant with eucalyptus trees. Excellent for shade, fuel and construction. Orangegroves and immense melonfields north of Jaffa. You pay eight marks and they plant a dunam of land for you with olives, oranges, almonds or citrons. Olives cheaper: oranges need artificial irrigation. Every year you get a sending of the crop. Your name entered for life as owner in the book of the union. Can pay ten down and the balance in yearly installments. Bleibtreustrasse 34. Berlin, W. 15[9].

9 Он зашагал обратно по Дорсет-стрит, углубившись в чтение. Агендат Нетаим — товарищество плантаторов. Приобрести у турецкого правительства большие песчаные участки и засадить эвкалиптовыми деревьями. Дают отличную тень, топливо и строительный материал. Апельсиновые плантации и необъятные дынные бахчи к северу от Яффы. Вы платите восемьдесят марок, и для вас засаживают дунам земли маслинами, апельсинами, миндалем или лимонами. Маслины дешевле: для апельсинов нужно искусственное орошение. Ежегодно вам высылаются образцы урожая. Вас вносят в книги товарищества в качестве пожизненного владельца. Можете уплатить наличными десять, потом годичные взносы. Берлин, W. 15, Бляйбтройштрассе, 34 (перевод с английского В. А. Хинкиса и С. С. Хоружего).

Все это означало только одно: несколько дней назад, в развалинах, я читал письма Блума, обращенные к Мэрион. И если бы не стояло после этого абзаца «Nothing doing. Still an idea behind it»[10], я бы и вправду принял бы все это за чистую монету.

Вниз с Масады

Дорожные воспоминания, как правило, вызываются дорогой, вот и недавно в заснеженных дебрях Калужской области, — наверное, внутренне борясь с морозной тьмой, — я вдруг вспомнил, как мой приятель в 1991 году два семестра копил деньги на велосипед, в апреле купил его и в первые же выходные отправился из Реховота в Иерусалим.

К концу дня он выдохся на горных подступах к Святому городу и пристегнул своего ослика на замочек на первой встретившейся автобусной остановке. Сел на автобус и весело заночевал у друзей.

Утром он рассчитывал с новыми силами вертеть педалями, теперь под горку. Но не вышло: он нашел свой велосипед разбитым в пух и прах, — уж не знаю, чем его саперы подрывали.

Димка восклицал: «Ты представляешь, ни спицы, ни покрышки!..»

Слово за слово, и дальше припомнилось, как поначалу в ту зиму я был прикован к закату — не мог оторваться от него, вечерами путешествуя в облаках солнечного света, и на выходных никуда не ездил, оставаясь в Реховоте и в его окрестностях. Только с начала апреля я стал постигать одиннадцать климатических зон Святой земли.

В поездках в Негев, куда зачастил к родственникам, я постепенно смирился с монотонностью полупустынного пейзажа, до которого субтропические пейзажи нисходили, перелистываясь поворотами за широким панорамным окном

10   Не выйдет. Но что-то есть в этом (англ.).

«мерседеса»... Как вдруг мы сбили верблюда. Это было уже в темноте, и удар был страшен, будто по коробку с жуком (мною) внутри со всей силы щелкнули пальцем.

«Наше счастье, что мы в автобусе. Самое страшное для водителя легковой машины — это сбить верблюда, — объяснил мне сосед. — Капот подсекает ему ноги, и вся масса костей влетает в салон», — нервно хохотнул он, когда мы снова, после приезда полицейских, тронулись в путь.

Следующий раз на дороге, где верблюды охотятся на автомобилистов, я оказался пешком.

Идея была простой и смелой: отправиться с иерусалимской автостанции пешком в сторону Мертвого моря и пройти вдоль всего его берега с севера на юг.

Хоть это и было другое направление, но вид дорога поначалу имела тот же: бедуинские верблюды горбами подражали холмам, показываясь на их вершинах, иногда вместе с хозяином или хозяйкой — холмистый плоско-черный силуэт и столбец человеческой фигуры против солнца.

Погода стояла пасмурная, но теплая; верблюжьего цвета ландшафт развертывался обрывисто, — дорога все более углублялась в ущелистое ложе.

Шли мы довольно бодро, при приближении каждой следующей машины, прежде чем поднять руку, всматривались в номерной знак: какого он цвета? Если желтый или черный (наши!) — мы поднимали руку, если зеленый (а шли мы по восточным окраинам города), гордо отворачивались. Практически все водители-арабы считали своим долгом притормозить и шумно предложить свои услуги, которые мы вежливо отвергали.

На одном из перекрестков, заваленном пылевыми облаками, мы долго простояли на автобусной остановке, соревнуясь с солдатами. Водители, разумеется, чаще, чем нас, изъявляли желание подвезти служивых. Я не терял времени даром и разглядывал старика-бедуина, вместе со стоявшим подле длинномордым осликом, груженным горой сена. Старик кого-то ждал, и сморщенное его лицо в женственном обрамлении куфии не выражало ничего, кроме смиренного ожидания.

Через десяток километров нас согласились подбросить парни на пикапе, везшие обратно в кибуц нераспроданные остатки овощей, с которыми мы вскоре и перемешались в кузове. Мы уже были близко от Мертвого моря, и дорога решительно шла под уклон, долго и устрашающе спускаясь в самую глубокую на планете ложбину. От быстрого спуска у меня заложило уши, как при посадке в самолете.

На самом берегу мы оказались уже в абсолютной темноте. Близость моря обнаружилась по запаху. У каждого моря свой запах, обусловленный специфическим составом солей. Черное море пахнет белесой солью, оно сносно на вкус. Каспийское море, хоть и более пресное, пахнет крепким сульфатом и йодом — и непереносимо горькое во рту. Мертвое море пахнет Мертвым морем. Лизнуть его капли я так и не решился.

Мы пошли живее, время от времени оборачиваясь на хлещущие по шоссе фары и поднимая им навстречу руки.

Вдруг из-за поворота взметнулся плотный конус света. Он то медленно прощупывал маслянистую поверхность моря, то поднимался вверх, серебристым тоннелем добивая до противоположного берега и облаков.

Мы были не в силах вообразить, что происходит. Вскоре обнаружилось, что световой конус раздается от диска прожектора, установленного на бронетранспортере. Машина двигалась медленно и упорно, толкая перед собой массу света.

Пограничники отнеслись к нам дружелюбно, но удивленно. Их командир связался по рации с патрульной машиной. Скоро примчался джип с мелкой сеткой вместо стекол, из него выскочили два солдата. Они составили в два яруса ящики на заднем сиденье и усадили нас на освободившееся место. Водитель оказался эфиопом, и — пока не заговорил, обнажив белые зубы, — в темноте мерещилось, что он без головы.

Нас забросили наверх к Кумрану, к месту, о котором я знал немногое, в частности, что здесь в начале эры жила ессейская община.

Место для ночлега мы выбирали на ощупь и решили заснуть не на автобусной остановке… а в раскопе. Побродив в руинах, освещая себе путь с помощью зажигалки, мы перешагнули через оградку — музейную цепь, обернутую в бархат, — и разложили каремать. Защищенные остатками стен, мы легко перекусили и попробовали заснуть. Удалось нам это не сразу — лишь когда с западных склонов задул бриз, отогнавший комаров, очевидно, плодившихся внизу в сырых плавнях. Мой друг рассказал мне на ночь историю археологического открытия Кумрана — историю о бедуинской козе и мальчике, нашедшем ее в пещере, где обнаружились сосуды со священными свитками… Тем скорей нам хотелось заснуть, чтобы утром обозреть это удивительное место.

Всегда интересно проснуться в том месте, где накануне оказался в потемках. Но то, что я увидел на рассвете в Кумране, — поразило. Высокий иорданский берег и каменистые холмы, уходящие на юго-запад, составили невиданный пейзаж. Ущелистый ландшафт вероятного места Армагеддона предстал перед нами северным своим окончанием. По мере продвижения на юг пейзаж становился все более неземным.

На юг мы тронулись сначала пешком, затем вскоре нас подобрала машина бородатых швейцарцев — они работали в некоей фирме, занимавшейся геологоразведкой — поисками воды в районе Мертвого моря. Швейцарцы поставляли специальное оборудование для глубинного бурения. Части этого оборудования лежали здесь же в фургоне.

Высадили нас в Эйн-Геди, где мы искупались, с оторопью заходя в масляянисто-ртутные волны, рассмотрели пестрые компании отдыхающих на берегу и отправились в заповедник, где полазили по горам, изучили руины древней обители и с удивлением обнаружили на склонах горных козлов и даманов, реликтовых травоядных животных, похожих на сусликов, ближайших родственников слонов.

После небольшого забега вверх к водопаду Давида, проваливаясь иногда по пояс в теплые лужи, которыми было полно частично пересохшее ложе реки, уже в темноте мы оказались у подножия Масады. На этот раз мы не экспериментировали, а заснули непосредственно на автобусной остановке. Время от времени мы просыпались оттого, что устроившаяся у костра неподалеку от нас молодежная компания пела песни на иврите под гитару, среди которых я по мелодии узнал «Темную ночь». Главное приключение нас ждало утром.

На Масаду есть два пути: пешком по серпантинной тропке и на фуникулере. До начала работы музея вход бесплатный — из того расчета, что на выходе все предъявляют билетики и те, у кого их нет, оплачивают по шесть шекелей на человека. Никогда еще так дорого мне не обходилась скупость! Одно оправдание: денег у нас оставалось только на автобус до Иерусалима, а нам еще предстояло добраться до Содома, и мы решили пойти в обход…

Вид с Масады пригодился бы режиссерам для съемок прилунения космического корабля. Я не знаю еще места на земле, где бы человек ощущал себя настолько вынутым из контекста пейзажа и в то же время возвеличенным им. Там, над Масадой, мне впервые пришла идея о возможной обратной связи ландшафта и человека.

Вообще, как сказал поэт, глаз — это открытая часть мозга, вынесенная на открытый воздух. Впечатленная сетчатка нема: зрение блокирует речь. Мало кто сможет признаться, что не испытывает интереса к пейзажу как к источнику красоты, величия, чувства вообще. Но еще меньше тех, кто способен ответить на вопрос: какова природа удовольствия, получаемого от такого иррационального занятия, как созерцание пейзажа. Ландшафт невозможно прочитать должным образом, не применяя естественнонаучных инструментов. Он —

одна из самых интересных книг. К чтению нового ландшафта следует готовиться задолго, изучая весь ареал смыслов, в нем заложенных: культурно-исторических, геологических, географических и т. д. Только запасшись научной «партитурой», следует слушать симфонию ландшафта… Почему одушевленному взгляду свойственно необъяснимое наслаждение пейзажем? Ведь наслаждение зрительного нерва созерцанием человеческого тела вполне объяснимо простыми сущностями. В то время как в сверхъестественном для разума удовольствии от наблюдения пейзажа если что-то и понятно, так только то, что в действе этом кроется природа искусства, чей признак — бескорыстность, чья задача — взращивание строя души, развитие ее взаимностью…

С Масады мы спускались по западному склону, и спуск этот занял четыре часа. На автобусной остановке мы обнаружили, что у нас дрожат колени, а количество выпитой залпом минеральной воды превысило два литра.

По воспоминаниям о том путешествии было написано стихотворение в прозе:

> Берег Мертвого моря. Мы спускаемся к югу и взбираемся на заветный пригорок, где искрящийся столб: жена Лота. Во сне говорит рабби Беньямин: «Хотя протекающие мимо стада и облизывают этот столб, но соль вновь нарастает до прежней формы». Я встаю на четвереньки, и язык мой немеет ослепительной белизной, прощеньем… И вот пробуждение. Ржавый баркас. На палубе мне надевают колпак водолаза. Поднимают лебедкой за шиворот и спускают за борт — в плавку соляных копей. Я шагаю по дну. Но на середине настает дыхание яви.

Явь настала, и вновь морозная тьма залила лобовое стекло, и заелозили, сметая встречный снег, «дворники», но внутренне я уже был в безопасности, ибо сильный солнечный свет, захваченный с вершины Масады, вспыхнул во мне с новой силой.

Черепаха Данте

Один из светлых опытов юности в понимании: для счастья нужно мало; другое дело — природа этого малого непредсказуема, как откровение. Теперь, когда жизнь на середине и «хоть в дату втыкай циркуль» — можно с уверенностью утверждать, что самым счастливым был первый месяц моего двадцатилетия, проведенный в сторожевом шалаше на окраине Реховота, где я присматривал за созревающими апельсинами. Пардес мой — апельсиновая роща занимала два десятка гектар на склоне холма, подпиравшего город с востока. С вершины, где стояла обрушенная усадьба, выстроенная в 1920-х годах, открывался вид на лиловые волны садов: они перекатывали через горизонт, увлекая в прозрачность взор и надолго оставляя в состоянии таинственного счастья.

Попал я в сторожа замечательным образом. На пляже Пальмахим, где главным развлечением было вскарабкаться на громоздившийся на мели ржавый танкер с прекрасным граффити на корме Moby Dick, я познакомился с крепким парнем, уже лысым в его двадцать пять, с крепкой шеей и толстой золотой цепью на ней. Мы почти одновременно оба забрались на Moby, и тут Павлу стало ясно, что спуститься обратно он не умеет. Пришлось убеждать его в том, что, зажмурившись, прыгнуть «солдатиком» в море — лучший способ выйти из положения. Родом он был из Риги, где уже преуспел в коммерции. Совершив алию, он рассчитывал развить свой успех. В тот же вечер в рыбном ресторанчике Павел поведал о своем плане. В Риге у него есть знакомый управляющий птицефабрикой. Главное для птицефабрики — непрерывные поставки несушек. Яйца, из которых вылупляются именно несушки, а не холостые куры или петухи, — особенный стратегический товар. План был в том, чтобы отправиться по специализированным кибуцам и договориться о цене на золотые яйца. Проблемой Павла было то, что он не знал никакого иного языка, кроме русского. Но я ему был нужен не столько как толмач, сколько ради солидности: ибо я знал только английский и вид у меня тогда был довольно субтильный, как раз подходящий для секретаря, без цепи на дубу хотя бы.

Однако израильские птицеводы оказались не лыком шиты, подходящей закупочной цены нам получить не удалось, и скоро Павел переключился на иной бизнес. Мы стали ездить по модельным агентствам Тель-Авива, и я переводил низкорослым волосатым мужичкам, что Павел хотел бы спонсировать приезд итальянских моделей — оплатить проживание в отеле в течение недели, съемки и работу агентства по организации показов и фотосессий. Взамен Пазел требовал долю в рекламных контрактах. Сутенеристые мужички — из тех, что способны пожирать женщин глазами дотла в любое время суток и в любой период своей жизни, не очень понимали, чего именно Павел хочет, но ситуация, в которой им кто-то предлагает денег, завораживала их. В ответ на наши пропозиции они просили просто передать им деньги, «а там как-нибудь сочтемся».

Таким образом, после двух этих фиаско Павел решил со мной расплатиться и сделал это следующим образом. В один из осенних дней я обнаружил себя с Павлом в парке Вейцмановского института. Мы шли на встречу с его двоюродным братом, который работал в Лаборатории Солнца — занимался важной для Израиля темой: добычей энергии из солнечных лучей. Заблудиться мы не могли, потому что держали путь на сгусток солнечного света — на такой объемный солнечный зайчик размером с автомобиль, который был сформирован гигантским гиперболоидом, собранным из огромных зеркал. Сгусток света в небе выглядел фантастически, и мне показалось, что скоро должно произойти что-то необыкновенное.

Брат Павла вот-вот должен был жениться, и для этого ему было нужно отправиться в путешествие на Кипр. Он договорился со своим научным руководителем об отпуске, но на подработке заменить его было некому. Ради свободных денег он дежурил по ночам сторожем на апельсиновой плантации. Павел вызвался ему подыскать сменщика и выбор пал на меня, потому что других лопухов в его окружении не было. Но жизнь в пардесе явно обещала быть лучше, чем поиски золотых яиц и гипотетическая реклама шампуня. И через неделю я с десятком книг и тетрадей переехал в апельсиновый сад.

Мне не забыть тех десяти дней, что я провел под сенью густых крон, полных глянцевитых листьев и наполненных светом плодов. Сторожить урожай было почти не от кого, так что у меня и старой лохматой собаки Лизы свободного времени было предостаточно. Утром я обходил свои владения, после кормил собаку овсянкой и шел в кафе завтракать. Вечером я снова обходил свою плантацию, замечая, как насыщается цвет апельсинов на закате. Я поднимался на склон холма к обрушенной усадьбе и садился на камень наблюдать за дроздами. Я был очарован этими пронзительно орущими пернатыми. Иссиня-черное оперенье, ярко-желтый клюв и необыкновенная подвижность, с какой они перелетали понизу от куста к кусту, ссорились, мирились, общались, кормились, обучали птенцов, слабых и бестолковых, летать — все это производило впечатление театра. Дрозды привыкли ко мне и совершенно не стеснялись, пока я поглядывал на симфонический закат и читал на гаснущих страницах Шестова, Бубера, блаженного Августина, «К Урании», учил итальянский странным способом: по параллельному переводу «Божественной комедии», написанной на староитальянском, но тогда для меня это не имело никакого значения. Хаотичность поведения младенца — лучший способ познать мир. И потому столь эффективно не оформленное ни одной из методологий изучение иностранного языка. Правда, этот способ не без минусов. В результате моего более позднего штурма английского с помощью составления четырех сотен страниц подстрочника эпической поэмы Дерека Уолкотта «Омерос» я заговорил на очень странном языке с обилием фигур карибского диалекта.

Тогда на окраине Реховота, погруженный в пардес, среди прочего я читал «Дар» Набокова. Этот роман — единственная у меня любимая книга этого писателя; благодаря «Дару» я еще долго отождествлял Кончеева с Ходасевичем. В один из вечеров, когда под ногами привычно сновали дрозды, я у Набокова прочел следующее: «За ярко раскрашенными насосами, на бензинопое пело радио, а над крышей его павильона выделялись на голубизне неба желтые буквы стойком — название автомобильной фирмы, — причем на второй букве, на "А" (а жаль, что не на первой, на "Д", — получилась бы заставка) сидел живой дрозд, черный, с желтым — из экономии — клювом, и пел громче, чем радио».

В юности подобные совпадения не были чем-то чрезвычайным, поскольку становящемуся еще сознанию в принципе трудно отличить действительность от внутреннего мира. Детское сознание мифическое, в нем каждый объект обладает именем собственным и изгнание из рая детства как раз и связано с тем, что познание разрушает целостность внешнего и внутреннего, награждает сознание проклятием: отныне различать знак и означаемое… И вот этот дрозд — певческий талисман английской поэзии, восседавший на бензоколонке, когда Чердынцев нагим вышагивал по Берлину, потом обнаружился в орнитологическом справочнике: «В странах Западной Европы черный дрозд в городах ведет оседлый образ жизни и иногда гнездится зимой. Так, в январе 1965 года, одно гнездо черного дрозда с птенцами было найдено на неоновой вывеске большого магазина в Берлине»…

А еще в моей роще обитала черепаха, средиземноморская, размером с саквояж. Впервые я обнаружил ее по звуку: она сонно чавкала паданками. Медленность черепахи меня завораживала, она казалась похожей на меня — абсолютно счастливым существом, застывающим понемногу в райском янтаре пардеса, полного закатов и восходов… Я прозвал черепаху

Дантом и однажды не стерпел и каллиграфически выцарапал перочинным ножом на ее панцире:

> Nel mezzo del cammin di nostra vita
> mi ritrovai per una selva oscura,
> ché la diritta via era smarrita.

Только двадцать лет спустя я оказался в тех же краях. Я не собирался снова ступать в ту же реку, но не смог удержаться от того, чтобы пройтись на тот самый холм, на вершине которого мной были просмотрены полтора десятка лучших в мире закатов.

Стояла весна, и дрозды были особенно активны — оглушительно кипели в траве и кустарнике. Данта искать не пришлось — я сам об него споткнулся в траве. Первая терцина «Божественной комедии» расползлась по укрупнившемуся и потрескавшемуся панцирю. Зато на северо-восточной четверти его полусферы читалась еще одна инскрипция:

> Аравийское месиво, крошево,
> Свет размолотых в луч скоростей —
> И своими косыми подошвами
> Свет стоит на подошве моей.

У меня нет причины удивляться ни оседлости этой черепахи, ни тому, что кто-то вырезал на ней строки Мандельштама, в ответ на «Nel mezzo…» Удивленье в данном случае было бы проявлением невежества. Важно иное. Когда-то я прочитал в трудах Юрия Михайловича Лотмана, что логосу свойственно самовозрастание; что текст подобен живому существу, преодолевающему вечность. Я не сомневался ни секунды в справедливости этих положений, и с тех пор только стало немного понятней, с помощью какой, например, движущей силы вечность эта может преодолеваться.

Город заката. Эпилог

«Город заката» был написан двенадцать лет назад; десять лет я живу в Израиле, работаю в госпитале при Hebrew University в Иерусалиме; на некотором расстоянии от моей лаборатории находится старенькая пыльная витрина, в которой выставлена нобелевская медаль Альберта Эйнштейна. Автор теории относительности подарил медаль университету на заре его существования, и она легла в его символический фундамент. Неподалеку от нобелевской витрины находится вход в синагогу, увенчанную, как короной, куполом, который составлен из библейских витражей Шагала. В зависимости от угла склонения солнца они оживают в пламени драгоценной палитры, озаряющей молитвенный зал, расположенный над укромной долиной в Иудейских горах, от которой трудно отвести глаза, поднимаясь с парковки по многоярусной тропе, петляющей под сенью кедров близ студенческого кампуса и здания Школы медсестер. Вдали виднеются узенькие террасы монастыря, выстроенного на крутом склоне у пещеры, в которой обитал некогда Иоанн Креститель.

В моей лаборатории, кроме иврита, звучит французская, русская, английская речь, в коридоре выбор богаче, поскольку к этому набору добавляются идиш и арабский. А если у нас, как недавно, зависают аспиранты, то можно услышать, например, и немецкую речь студентов Геттингенского университета. Что вполне естественно, ведь главная черта израильского общества — разнообразие. Множественность всего на свете, удивляющее сочетание самых разных и на первый взгляд никак непереводимых друг для друга типов, характеров, культурных кодов, апофеоз если не мультикультурализма, то прихотливой мозаичности, которая, если только думать о ней, а не наблюдать в действии, — вообще не может существовать. Однако вот же — существует и даже лежит в основе государственного устройства, хотя в обществе постоянно слышатся строгие апокалиптические напоминания о том, что Второй Храм был разрушен по причине того, что еврейский народ пренебрег своим единством. Впрочем, историческая память — не самый плохой строительный материал для несущих конструкций будущего.

Я жил довольно долго в США и о проблемах «плавильного котла» «страны эмигрантов» знаю не понаслышке. Еще в 1995 году я видел в Калифорнии граффити вроде тех, что «высекает» в своем твиттере Трамп. Повторюсь, в Израиле много всего, включая и безобразные явления, но граффити здесь в основном на экзистенциальные темы. «Реальность — это не то, что кажется». «Религия убивает смысл». «Бесконечность — лучший психоделик». «Читай РАМБАНа».

По всей видимости, то, что у евреев в течение последних тысячелетий не было государства, служит залогом политической полифонии. Когда евреи ссорились друг с другом, они оказывались неспособны к долгому гражданскому противостоянию, кульминацией которого, как правило, оказывалось строительство новой, альтернативной синагоги. И это не метафора. Через пару веков все уже забывали, в чем состояла причина ссоры предков, но все равно продолжали «в ту синагогу ни ногой». Конечно, иногда полифония сбивается с ритма и становится похожа на какофонию. Но чего только не вынесешь ради того, чтобы цивилизация приблизилась к своей цели: сделать слова могущественней насилия.

Здесь чаще, чем где-либо, я встречал людей, возраст которых насчитывал тысячелетия. Здесь чаще, чем где-либо, я встречал женщин, о которых могла бы быть написана какая-нибудь библейская история (о мужчинах подобное написать сложно, потому что пророки исчезли, а героев и так хватает). Если я в своей жизни и встречался со святостью, то это произошло в Израиле. Именно в Израиле со мной случились простые, но значительные открытия, столь заметные во второй половине жизни. Например, стало ясно, откуда в христианстве происходит культ Девы Марии: еврейский Закон превозносит почтение к женщине и сострадание к ее трудной жизни.

Казалось бы, давно уже должна была исчезнуть зачарованность новичка, а с ней и отголоски «иерусалимского синдрома» и другие чувства-междометия, но нет — город полнится загадками. И хотя никак не привыкну к некоторым обычаям и типажам, трудности вполне терпимы, учитывая то самое спасительное разнообразие: сегодня тебе встретится одно, а в другие дни — множество иного.

За это время мои политические убеждения приблизились к состоянию дзена. Ибо если я выйду из лаборатории и пройдусь по коридору департамента, я увижу свидетельство неизменной практики нашего госпиталя на протяжении всего времени его существования: что бы ни случилось и как бы ни повернулась политическая ситуация, — мы будем лечить с одинаковым рвением и тех, кто живет в Палестинской автономии, и тех, кто там не живет. Болезнь, страдание, беда объединяют людей если не фактически, то хотя бы эмоционально, если не пространством улицы, то хотя бы больничным коридором. Надежда состоит в том, что после выздоровления люди унесут с собой и эти мгнозения общности, и память о тех, кто их лечил.

Дзену политическому способствуют и некоторые неведомые раньше знания. Например, тэт факт, что многие арабы, живущие в Хевроне, — это потомки евреев, когда-то во времена Османского владычества принявших ислам. Или то, что палестинцы знать ничего не хотят о евреях и называют их «крестоносцами». А свое обладание Палестиной не отделяют от имперских представлений о халифате, распространяющемся от Индийского океана до Гибралтара.

Одно из моих любимых мест на севере Израиля — крепостные руины замка Шастеле, высящиеся над руслом Иордана в том месте, где конным войскам было удобней всего переходить его вброд на пути из Сирии и обратно. Этот переход называется Бродом Иакова и именно здесь Саладдин окончательно разгромил тамплиеров, удерживавшихся в анклавах крепостей, разбросанных по угасающему королевству. Здесь недавно было найдено около сотни скелетов рыцарей, обезглавленные тела которых оказались сброшены в водную цистерну. Я люблю весной посидеть над этим каменным колодцем-могилой. Холмы там кажутся красноватыми от анемонов, цветущих только одну неделю в году.

Мне бы никогда не пришла в голову идея думать о евреях как о крестоносцах. И это удивление навело на мысль, что гибель Иерусалимского королевства весьма важна и должна быть осмыслена в современности. Из нее по меньшей мере следует, что нельзя жить в укрепленных замках, рассредоточенных и потому обособленных. Жизнь — это передача и обмен смыслами, а не диктовка могущества. Впрочем, если голос, участвующий в коммуникациях, слаб, не обладает живучестью и силой, то каковы бы ни были намерения его владельца, он, этот голос, не будет услышан.

Однако, если жить в обществе, где прошлое, будущее и настоящее обладают хорошим метаболизмом обогащения друг друга, где есть понимание того, что законы природы и законы развития цивилизации не статичны и направлены в сторону умножения смыслов, в направлении антропологического разнообразия, — надежда не будет потеряна.

Повторюсь: нигде и никогда в своей жизни я не видел столько человеческих характеров библейской мощности, как здесь: внутренний возраст людей, глубина времени в глазах иногда поражают. Вероятно, поэтому никогда и нигде я не сталкивался с такой развитой взаимовыручкой и терпимостью, как здесь.

Но вернемся к устройству Иерусалима, чей реальный мир сплавлен с миром метафизики. В начале 1980-х годов Стивен Хокинг и Джеймс Хартл опубликовали замечательную работу по космологии, где выдвигалась гипотеза, что космологическое время на заре существования вселенной обладало свойствами евклидового пространств, и что они, эти свойства, были в некотором смысле унаследованы современностью. Чтобы представить себе, что могла бы значить для нас такая пространственная ипостась исторического времени, не придумаешь ничего лучшего, чем прогулки по Иерусалиму. С этим предстоит еще разбираться, но Иерусалим полон «телепортов»: неких пространственных ловушек, оказавшись в которых, вы перебираетесь, как по листу Мёбиуса, ставящему вас с ног на голову, на другой культурный и временной слой реальности. Этому немало способствует чрезвычайная плотность историзма в еврейском сознании, преобладающая во всех аспектах жизни начиная с быта, типа тканей и фасонов одежды, пищевых привычек, и так далее, и так далее. Например, у нас можно встретить не только религиозную униформу, возрасту которой несколько веков, но — и это особенно интересно — людей лет пятидесяти, которые продолжают ежедневно одеваться, как одевались их отцы-сионисты, по моде конца 1940-х годов: брюки с клёшем и широким поясом, под ремень заправлены рубашки-тенниски, обычно в клетку, вязаная кипа, очки-велосипед, часы с классическим циферблатом, на мягком ремешке, иногда действительно отцовские. Таковы лишь слабые проблески этого эффекта Хокинга—Хартла, как я называю его про себя и который меня увлекает необычайно.

Ночной Иерусалим полон загадок, по нему бродишь, как во сне: это лунатический город, луна — его второе, если не главное солнце. Лунная орбита — главный приводной диск еврейского календаря, а переходное время заката — заря нового дня. Ночь в еврейском сознании, таким образом, обладает не меньшей важностью, чем день. И это рифма еврейского бытия, центр тяжести которого смещен в метафизику независимо от исторической радуги поколений и спектра их убеждений. «В этом стихе элемент огня называется „тьма“, потому что первичный огонь — это тьма. Если бы он был красный, он сделал бы нашу ночь красной», — так в XIII веке в комментариях к Книге Бытия писал РАМБАН.

Издали новые жилые районы Иерусалима, покрывающие холмы один за другим, — похожи на алмазный скол: будто крупные перстни рассыпаны по тесному горизонту под хрустально-воздушными линзами, возводящими над долинами свои своды особенного оптического преломления. Рассеянный свет первых минут после заката, смехо-плач шакалов, прохладный ветерок — наполняют сумерки. Особенной прозрачности воздух здесь в Иудейских горах, каждая долина, каждое ущелье обладает своей частной оптикой, своими личными рецептурными диоптриями, несколькими оптическими фокусами, действительными и мнимыми изображениями.

Для ориентации в пространстве здесь постоянно приходится держаться высот, включать и воображаемый, и реальный альтиметр, хотя бы и с помощью Google Earth. Диапазон высот колеблется у подножия Храмовой горы и повышением указывает продвижение на юг, откуда из Соломоновых бассейнов стекали к Храму четыре водовода различных эпох (включая и период правления Маккавеев). Они следовали вдоль хребта водораздела, по которому сейчас тянется Дерех Хеврон и за которым к востоку начинается безудержный спуск в пустыню, к самой глубокой впадине на поверхности планеты. По этой дороге когда-то царем-псалмопевцем был перенесен в новую столицу Ковчег Завета. Акведуки, построенные ювелирно на протяжении нескольких десятков километров, следуя скромному уклону, петляли по склонам и проникали тоннелями в толщу холмов: втоῥя временной — евклидовой, как мы полагаем вслед за Хокингом и Хартлом, — оси времени, изобилующей такими же «телепортами» исчезновения и появления, одномоментного присутствия в нескольких местах.

Три тысячелетия вживания з ландшафт сформировали топологию пространства Иерусалима в виде сферы, торжественного брака вертикали с плоскостью: набор высоты или ее утрата здесь эквивалентны приближению горизонта. Это хорошо заметно на примере нового железнодорожного моста, о котором речь ниже; главное, что нужно понимать в этой связи: дороги тут петляют также и по вертикали.

Два тысячелетия жизни без государства наделили израильское общество анархическими свойствами. Здесь отчетливо видно наследие английского прецедентного права и сохранились некоторые законы османского происхождения, особенно в части регулирования владения земельными наделами. Но лучше судить о состоянии права по фактам. Как бы там ни было, лично мне приятно, хоть и забавно, жить в стране, где бывший президент и бывший премьер-министр сидят в тюрьме за небольшие, но непростительные проступки.

За те годы, что я живу в Израиле, произошло много всего — время личное едва поспевает за временем историческим. Впрочем, двадцатый век хорошо обучил историю скорости. Время Израиля несколько устойчивей такового в Европе и тем более в России. На моих глазах были проложены сотни километров дорог, в Тель-Авиве рядом с домом, где я жил первое время, выросли и с проворностью психоделических грибов продолжают расти небоскребы. О жилых кварталах и говорить нечего. Объявления на пляжах стали делаться сразу на пяти языках, и это сущий, но полезный ужас.

Новые тропы были проложены и в понимании общественно-политического устройства — в направлении вдумчивости, берущей начало в понимании того, что евреи чудом не были уничтожены XX веком, и это чудо имеет имя: Государство Израиль.

Сейчас я живу на окраине Иерусалима и иногда слышу не только призывы муэдзинов к молитве, но и пение петухов. Из одного моего окна видна гора, на которой ангел спас пророка Элиягу, из другого — похожий на вулкан конус Иродиона, недра которого постепенно обнажают один из архитектурных шедевров Ирода Великого, зависший под синеватыми призраками отрогов Иордании: горы Моава в моем окне тускнеют в толще десятков воздушных километров, заполнивших Иорданскую долину.

Какой бы ни была участь еврея в современном мире, за последние годы в Израиль переселились десятки тысяч тех, кто говорит на французском и русском, а мой личный дзен оказывается подкреплен одним примечательным зрительным образом. Это мост скоростной железной дороги, соединяющий два туннеля в горах на подступах к Иерусалиму. Похожий на античный акведук мост летит в направлении горы Скопус. Его высоченные арки поднимаются со дна ущелья, достигая сотни метров, останавливая дыхание красотой и дерзостью образа вознесения, заключенного в его особенной геометрии: светлые горы, тень от них, тонкая, ажурно летящая, будто одна из преломленных плоскостей храмового нефа, преодолевающая пропасть. Это самый красивый мост в мире, и я знаю, что говорю, поскольку жил когда-то поблизости от Golden Gate Bridge. И мне кажется очень важным, что этот мост, пронзивший навылет пропасть, был построен, буквально соткан из воздуха, на моих глазах.

В издательстве Freedom Letters
вышли книги:

Александр Иличевский
ТЕЛА ПЛАТОНА

Дмитрий Быков
VZ. ПОРТРЕТ НА ФОНЕ НАЦИИ

Дмитрий Быков
НОВЫЙ БРАУНИНГ

Дмитрий Быков
БОЛЬ-
ШИНСТВО

Сергей Давыдов
СПРИНГФИЛД

Светлана Петрийчук
ТУАРЕГИ. СЕМЬ ТЕКСТОВ ДЛЯ ТЕАТРА

Вера Павлова
ЛИНИЯ СОПРИКССНОВЕНИЯ

Сборник рассказов для детей 10–14 лет
СЛОВО НА БУКВУ «В»

Демьян Кудрявцев
ЗОНА ПОРАЖЕНИЯ

Евгений Клюев
Я ИЗ РОССИИ. ПРОСТИ

Алексей Макушинский
ДИМИТРИЙ

Сборник рассказов
МОЛЧАНИЕ О ВОЙНЕ

Ваня Чекалов
ЛЮБОВЬ

Людмила Штерн
БРОДСКИЙ: ОСЯ, ИОСИФ, JOSEPH

Людмила Штерн
ДОВЛАТОВ — ДОБРЫЙ МОЙ ПРИЯТЕЛЬ

Юлий Дубов
БОЛЬШАЯ ПАЙКА
Первое полное авторское издание

Юлий Дубов
МЕНЬШЕЕ ЗЛО
Послесловие Дмитрия Быкова

Шаши Мартынова
РЕБЁНКУ ВАСИЛИЮ СНИТСЯ

Shashi Martynova
BASIL THE CHILD DREAMS
Translated by Max Nemtsov

Сергей Давыдов
ПЯТЬ ПЬЕС О СВОБОДЕ

Ася Михеева
ГРАНИЦЫ СРЕД

Илья Бер, Даниил Федкевич, Н.Ч.,
Евгений Бунтман, Павел Солахян, С.Т.
ПРАВДА ЛИ. Послесловие Христо Грозева

Виталий Пуханов
РОДИНА ПРИКАЖЕТ ЕСТЬ ГОВНО

Алексей Шеремет
СЕВКА, РОМКА И ВИТТОР